KB072832

다방과 카페, 모던보이의 아지트

차례
Contents

03근대 유흥 공간 출현하다   06호텔식 다방에서 음악다방으로
15카페, 서양식 술집의 성쇠(盛衰)   25다방, 문화 공간 혹은 무기력한 인텔리의 집합소   35카페, 퇴폐와 환락의 전당   47순수와 관능의 간극, 다방걸과 카페걸   61카페걸, 천사이자 악녀인 야누스
69카페걸, 그들의 진실과 항변   79도시의 판타스마고리아를 나오며

근대 유흥 공간 출현하다

술과 계집, 그리고 엽기가 잠재하여 있는 곳이다. 붉은 등불, 파란 등불, 밝지 못한 상데리아 아래에 발자취 소리와 옷자락이 비비어지는 소리, 담배 연기, 술의 냄새, 요란하게 흐르는 재즈에 맞춰서 춤추는 젊은 남자와 여자, 파득파득 떠는 웃음소리와 흥분된 얼굴, 그들은 인생의 괴로움과 쓰라림을 모조리 잊어버린 듯이 즐겁게 뛰논다.(「삼천리」, 1932.9, 현대어역은 인용자, 이하 동일)

희미한 붉은 등불과 파란 등불 아래에서 옷자락을 비비면서 요란한 재즈에 맞춰서 춤을 추는 남자와 여자. 매캐한 담배 연기와 술 냄새가 코를 자극하고 흥분된 얼굴과 교성 같은 웃음소리가 울려 퍼지는 곳. 환락과 쾌락만이 감도는, 그리하여 술과 계집, 그리고 엽기가 잠재하여 있는 곳은 어떤 곳을 말하는 것일까? 마치 오늘날의 이른바 룸살롱을 연상케 하는 이곳은 바로 1930년대의 카페이다. 이 글을 읽는 독자들은 여기에서 의문점이 들 것이다. 아니 이곳이 카페라니! 좀 더 우아하고 고풍스러운 무언가를 기대하고 있었다면, 흥분과 들뜸으로 점철된 이 공간이 카페라는 사실에 당혹감을 느낄 수도 있다. 이 책은 여기에서부터 시작한다. 초창기 다방과 카페가 오늘날 우리가 알고 있는 다방과 카페와는 다르다는 점에서부터.

그렇다. 근대 유흥 공간으로 우리나라에 등장하였던 다방과 카페는 오늘날 우리의 머릿속에 자연스럽게 그려지는 다방과 카페와는 달랐다. 결론부터 말하자면, 다방이 커피를 비롯한 차를 파는 장소였다면, 카페는 여급의 시중을 받으면서 술을 마시는 술집이었다. 혹자는 그것이 뭐 그리 중요한가에 대해 의문을 제기할지도 모르겠다. 그러나 어떤 사물을 어떻게 명명(命名)하는가는 중요한 문제이다. 명명은 곧 정체성을 규정하기 때문이다. 이름은 단지 이것을 저것과 구별하기 위한 표지를 넘어서 그것 자체를 의미하는 것이다. 따라서 초창기 다방과 카페로 각각 명명되었던 장소를 이해하는 일은 그 공간에 대한 인식과 더불어 그 문화를 이해하는 일이라는 점에서 중요하다.

재미있는 것은, 오늘날의 다방이 주로 나이 드신 분들이 여급과 더불어 차를 마시면서 시간을 보내는 장소로 인식된다면, 카페는 고급스러운 분위기에서 아름다운 음악을 들으며 청춘남녀들이 사랑을 속삭이는 장소로 생각된다는 것이다. 이는 초창기 다방과 카페의 개념이 완전히 뒤바뀐 상황을 보여 준다. 도대체 언제부터 이런 개념의 전도가 일어난 것일까? 하긴, 필자가 어린 시절에 아버지를 따라 들어갔던 다방도 오늘날의 모습과는 달랐다. 필자에게 다방은 예쁜 유리그릇에 담긴 반숙을 먹던 곳으로 기억되고 있으니. 또 재미있는 것은 다방 안의 야자나무이다. 예나 지금이나 변하지 않고 다방의 한쪽 내지는 가운데에 떡 하니 자리를 잡고 있는 야자나무는 초창기 다방에서 오늘날까지 이어지고 있는 것이다.

모든 것은 세월 따라 변한다. 더러 변하지 않는 것들이 있기를 소망하지만 세월은 많은 것들을 변화시킨다. 초창기 대표적인 근대 공간이었던 다방과 카페도 세월 따라 많은 변화를 겪었다. 여기서는 다방과 카페가 어떤 이유로 어떤 변화 과정을 겪었는지에 대해서까지는 다루지 못하였다. 다방과 카페의 의미 전도와 역사적 변천 과정을 추적하는 일은 아마 20세기 전반기 다방과 카페를 고찰하기 위해 바친 만큼의 많은 시간과 노력을 다시 쏟아 부어야 가능할 것이다.

일단 이 책에서는 다방과 카페의 의미가 오늘날과 달랐다는 점에 착안하여 초창기 다방과 카페가 어떤 개념으로 사용되었고 그 문화적 기능이 무엇인지를 살펴볼 것이다. 자, 그러면 지금부터 20세기 전반기 다방과 카페로의 여행을 시작하기로 한다.

호텔식 다방에서 음악다방으로

다방이란 말이 우리나라에 처음으로 등장한 것은 언제였을까? '차를 마시는 공간'에 대한 기억은 삼국시대로까지 거슬러 올라간다. 한국의 차 문화는 이미 고조선 시대에 형성된 것으로 추정되며, 신라 시대(7세기 중엽)에 세워진 것으로 추측되는 '한송정(寒松亭)'은 화랑들의 다원으로 우리나라 다원 중에서 가장 오래된 유물이라고 한다. 또한 연못을 내다보면서 운치 있게 차를 마실 수 있는 곳인 '다연원(茶淵院)'은 통일신라 시대 최고의 다실로 알려져 있다. 1968년에는 경주 창림사 터에서 '다연원'의 기와 조각이 발견되기도 하였다.[1]

그러나 '다방'이라는 용어는 고려시대에 처음 등장하는 것으로 나타난다. 고려 시대에 다사(茶事)와 주과(酒果) 등의 나

랏일을 주관하는 국가 관사(官司)가 다방이었던 것이다. 조선시대에도 이조(吏曹) 소속의 관사로, 주로 '다례(茶禮)'라는 명목으로 외국 사신들의 접대를 맡았던 곳을 다방이라고 하였다 한다. 그러나 이는 본격적인 의미의 다방은 아니었다. 그렇다면 차를 팔고 마시는 장소를 의미하는 다방은 언제 등장하였을까?

구한말에 이르러 개화 바람을 타고 우리나라에 커피가 보급되었는데, 이러한 커피의 보급과 더불어 본격적인 의미의 다방이 등장했다. 요컨대, 다방의 역사는 바로 커피의 역사와 그 시작을 같이한다. 미국인 퍼시벌 로웰이 작성한 문건에 궁중에서 커피를 대접받았다는 내용이 있는 것으로 보아, 1880년대 초반에 이미 우리나라에 커피가 들어왔다. 특히 고종이 커피를 즐겨 마셨다는 것은 널리 알려진 사실이다. 고종은 아관파천 때 러시아 공사관에서도 커피를 즐겨 마셨고, 그 뒤 덕수궁에 돌아와서는 '정관헌(靜觀軒)'이라는 서양식 건물을 지어놓고 여기에서 서양음악을 들으면서 커피를 마시곤 하였다.

그러나 정관헌은 고종이 다과를 들거나 연회를 열고 음악을 감상할 목적으로 만든 공간이지 커피를 파는 곳은 아니었다. 개항 후, 우리나라에서 커피를 팔았던 곳은 개항 직후에 일본인 호리 리키타로가 인천에 설립한 대불호텔일 것이다. 경인선이 개통되기 전까지 서울로 가려는 사람들이 인천에서 하루 묵어가면서 인천에는 숙박업이 성행하였다. 아펜젤러(Appenzeller, 1858~1902) 목사도 묵었다는 대불호텔은 최초의 서양식 호텔로 서양 음식과 더불어 커피를 맛볼 수 있는 곳이었다.

그런가 하면, 서울(경성)에서는 러시아 공사 웨베르(Karl Wae-ber)의 처형인 손탁(Sontag, 1854~1925?)이 1898년에 '손탁빈관', 1902년에 '손탁호텔'을 지어서 호텔식 다방을 선보였다. 손탁은 1898년 3월 16일에 고종황제로부터 양관(洋館) 수옥헌(漱玉軒, 정동 27번지 소재)을 하사받아서 실내장식을 서구식으로 꾸민후, 손탁빈관으로 영업을 개시하였다. 그러나 방 다섯 개의 양관은 호텔 영업을 하기에는 너무 협소하였기에 손탁은 1895년에 이미 하사받은 정동 29번지 소재(현 이화여고)의 사저(私邸) 1,184평을 철거하고, 1902년 그 자리에 2층 양관을 지었는데, 이것이 손탁호텔이다.[2]

『서울육백년사』 제4권(서울특별시편찬위원회, 1977)의 「다방」부분을 참고하면, 손탁호텔에 이어서 일본인 주인의 '청목당(靑木堂)'이 서울에 등장하였다고 한다. 청목당은 일층에서는 양주를 팔고 이층에서는 차와 식사를 겸할 수 있는 구조로 이루어져 있어서 '조선호텔'이 생기기 전까지 최고급의 식당이자 찻집이요, 장안의 명물이었다고 한다. 그러다가 1914년, 지금의 중구 소공동에 '조선호텔'이 건립되었다. 조선호텔은 일제 강점기에 최고급 호텔 겸 다방으로서의 기능을 하였다. 대불호텔이나 손탁호텔과 마찬가지로 조선호텔은 이른바 호텔식 다방으로, 오늘날 대부분의 호텔 1층이나 지하에 자리 잡은 커피숍의 기원이 된다고 할 수 있다. 이처럼 다방은, 마찬가지로 근대 문물이었던 커피와 더불어 우리나라에 새롭게 등장하였던 것이다.

커피는 처음에 '가배차(珈琲茶)'나 '가비차(加比茶)'로 음역되었고 '양탕(洋湯)국'이라고 불리기도 하였다. 지금에 와서야 커피 없으면 못 산다는 사람이 있을 정도로 커피가 일반화되었지만, 우리나라에 커피가 처음 소개되었을 당시에 그 검고 쌉싸래한 커피가 사람들에게 어떻게 받아들여졌을지 매우 궁금하다. 어쨌거나 커피는 그 특유의 중독성으로 점차 사람들의 입맛을 사로잡았고 도시에는 전문적으로 커피를 파는 다방이 출현하기 시작하였다. 1923년경에 일본인이 지금의 충무로 3가(본정 3정목)에 문을 연 '후다미(二見)'를 필두로 하여 충무로 2가(본정 2정목)에는 '금강산'이 들어섰다. '후다미'나 '금강산'은 일본인 거주 지역인 남촌에서 일본인을 대상으로 하여 주로 커피를 팔았던 다방으로 보인다.

이에 반해, 우리나라 사람이 처음으로 창업하였던 다방은 1927년 봄에 영화감독 이경손이 하와이에서 데려온 묘령의 여인과 종로구 관훈동에 개업한 '카카듀'였다. 그러나 경영도 미숙하고 손님도 많지 않아서 이경손은 수개월 만에 '카카듀'의 문을 닫고 상해로 갔다고 하니, 처음부터 다방이란 새로운 공간이 일반 사람들에게 쉽게 받아들여지지 않았던 상황을 짐작할 수 있다. 그러나 근대 문물을 먼저 경험하고 돌아온 해외 유학파 출신과 이른바 문화인을 자처한 일부 사람들은 서로의 지식을 나누고 자연스러운 토론도 하는 유럽식의 살롱 문화를 다방을 통해서 실현해 보고 싶었다. 뒤에 살펴 볼 카페와 달리 주로 문화·예술인들이 다방의 경영에 손을 대었던 데에서도 이러한 사실을 확인할 수 있다.

'카카듀'에 이어서 1929년경에 심영(沈影)과 일본 미술학교 도안과를 졸업하고 영화배우를 하던 김인규(金寅圭)가 종로 2가 YMCA 근처에 '멕시코'를 열었다. 그러나 '멕시코'는 몇 년 후에 술집으로 변하였다. 결국, 1920년대 말까지는 다방이라는 새로운 근대 공간이 우리나라에 자리를 잡아 가기 위한 과도기적인 시대였다고 볼 수 있다. 기존의 다방이 적자를 면하지 못했던 것과 달리 거의 처음으로 수지맞는 경영을 하였던 다방은 1930년대 소공동에 문을 열었던 '낙랑파라'였다. '낙랑파라'는 동경 우에노(上野) 미술학교 도안과를 졸업한 이순석이 경영하였던 곳이다.

1930년대에 들어서면 다양한 다방이 각각의 특색을 드러내면서 새로운 유흥 공간으로 자리를 잡는다. 우리에게 시인이자 소설가로 잘 알려져 있는 이상(李箱, 1910~1937)도 다방을 경영하였다. 경성고등공업학교를 나와 조선총독부 내무국 건축기사로 일했던 이상은 1933년경에 기생 금홍(錦紅)과 지금의 종로 1가 청진동 입구에 '제비'라는 다방을 개업하였다. 금홍은 이상이 결핵 때문에 총독부 건축기사를 그만두고 요양차 황해도 배천(白川) 온천에 갔다가 그곳에서 만난 여성이다. 금홍을 다방 마담으로 하여 '제비'를 운영하였으나 경영난에 빠지자 이상은 '제비'를 폐업한 후 금홍과도 헤어진다.

1930년대 문화계를 회고한 조용만의 '다방 69'(「중앙일보」 1985.2.6)라는 글에 의하면, 이상은 돈이 없어서 '제비'에 차를 구비해 놓지 못하였고 손님이 없어서 영업도 잘 되지 않았다고 한다. 게다가 금홍마저 제멋대로 들락날락거리면서 집에 들어오지 않는 날이 많았다는 것이다. 그러다가 어느 날 금홍이 새까맣게 낡은 버선을 벗어놓고 봇짐을 싸서 집을 나가버린 것이 1935년 9월의 일이라고 한다. 이러한 정황으로 보건대, 이상은 기질상으로 다방 경영과는 맞지 않았고 다방 영업으로 돈을 많이 벌어 보겠다는 생각도 없었던 것 같다. 그럼에도 불구하고 이상은 '제비' 이후에도 다시 다방 경영에 손을 댄다.

다시 조용만의 회고록에 따르면, 이상은 인사동에 카페 '쯔루(鶴)'를 내고 박태원, 정인택 등의 여러 친구를 불러서 한턱을 내기도 했다고 한다. 그러나 이 카페도 얼마 못 가서 문을 닫게 되고 다시 종로의 광교 다리 근처에 다방 '식스·나인(69)'을 개업하려고 하였다. 종로경찰서는 아무 생각 없이 다방 영업을 허가했다가 남녀의 성 체위 중의 하나를 뜻하는 '식스·나인'의 에로틱한 의미를 알고 나서 다방의 영업허가를 취소하였다. 이후, 이상은 다시 명동에 다방 '무기(麥)'를 냈다가 경영에 실패하여 문을 닫았다. 또 다른 자료에 의하면 다방 '무기'는 계획만 하였다가 개업 전에 다른 사람에게 넘겨주었다고도 한다.

그 사이에 극작가 유치진(柳致眞)은 소공동(지금의 한국은행 근처로 추정)에 '프라타나(플라타너스)'라는 다방을 개업하였고, 영화배우로 활동하였던 복혜숙도 인사동 입구에 '비너스'라는 다방을 열었다. 복혜숙은 '나의 교류록-비너스 다방 시절'(「동아일보」, 1981.5.12)이란 글에서 자신이 1928년부터 약 8년 동안 '비너스'를 경영하였다고 하였다. 그리고 이에 의거하여 이후 논자들도 복혜숙이 1928년에 '비너스'를 개업하였다고 하였다.[3] 그러나 1930년대의 '낙랑파라' 이전에는 다방들이 거의 적자 경영으로 오래 버티지 못하고 문을 닫았기 때문에 1928년에 문을 열었다는 '비너스'가 8년 동안이나 영업을 계속할 수 있었는지 의문이다.

게다가 '명동백작'으로 불리던 이봉구가 쓴 '한국 최초의 다방~카카듀에서 에리자까지'(「세대」, 1964.4)라는 글을 보면, 1927년에 문을 연 '카카듀' 이래로 1929년에 개업한 '멕시코'가 우리나라 사람이 개업한 유일한 다방이라고 하고 있다. 또한 이서구도 『세시기』라는 책에서 복혜숙의 '비너스'가 유치진의 '프라타나' 다음에 문을 연 것으로 기술하고 있다. 실제로 「동아일보」 1931년 8월 9일자 기사와 심훈이 쓴 '조선영화인언파레드'(「동광」, 1931.7)에 따르면, 1931년 당시에 복혜숙은 인천에서 기생으로 있었다는 것을 알 수 있으며, 복혜숙 자신도 「삼천리」 1936년 12월호에서 인천에서 약 3년 동안 있었다고 밝힌 바 있다. 이러한 점으로 미루어 보건대, '비너스'의 1928년 개업설은 신빙성이 떨어진다고 할 수 있다.

'비너스'라는 다방의 명칭은 「삼천리」 1933년 4월호에 등장하고 「삼천리」 1935년 11월호에 수록된 '서울 다방'이란 글에서도 찾을 수 있다. 그러나 그 이전 자료에서는 '비너스'라는 다방의 명칭을 찾기 어려운데, 아마도 '비너스'는 1933

년 내지는 빨라야 1932년경에 세워진 것이 아닌가 한다. '비너스'는 처음에 차만 팔았다가 나중에는 바(Bar)를 겸해서 소위 '주간다실 야간살롱'의 형태로 운영되었다.

그 밖에, 음악평론가 김관(金管)이 명동에 명곡(名曲) 다방으로 유명하였던 '에리제'를 열었다가 후에 '모나리자'로 이름을 바꾸었다. 또한 영화감독 방한준(方漢駿)이 명동에 개업한 '라일락'을 비롯하여 '오리온' '하리우드' '백룡(白龍)' 등과, 소공동의 '나전구(羅甸區)'와 '미모사(ミモ一ザ)', 서울역 앞의 '돌체' 등이 1940년대까지 명맥을 유지하였다.

다방은 당시에 끽다점, 찻집, 티룸 등으로 불렸으며, 그 상호(商號)에서 알 수 있는 것처럼 외래 문물의 표상이었다. 호텔식 다방에서 시작한 다방은 차를 마시며 음악을 들을 수 있는 곳으로 인식되었다. 특히 '멕시코', '프라타나', '비너스', '에리제', '오리온' 등의 명칭에서 보듯이, 다방은 이국적인 취향을 만족시킬 수 있는 곳으로 인식되었는데, 다방의 경영자가 누구이고 어느 곳에 위치하느냐에 따라서 그 다방만의 특색이 드러나곤 하였다.

다음의 광고는 1938년 잡지 「청색지」에 실린 다방 '나전구'의 광고이다. '佛蘭西 趣味 珈排와 名曲'이라는 광고 문구가 먼저 눈에 들어온다. 여기서 '불란서 취미'가 정확하게 무엇을 의미하는지는 알 수 없으나, 이 광고에 의하면 '나전구'에서는 불란서 취미와 더불어 커피를 마시며 명곡을 들을 수 있다고 한다. 결국, 당시의 다방은 이국적 취향과 더불어

'나전구' 다방 광고

차를 마시고 음악을 들으며 이른바 모던한 생활을 향유할 수 있는 곳이었다. 그렇다면 각 다방은 어떤 특색을 드러냈으며 어떤 사람들이 주로 드나들었을까? 다방에 대해 좀 더 알아보기 전에 카페의 소사(小史)를 먼저 언급하고자 한다. 20세기 전반기 다방과 카페를 비교하면서 이 두 공간에 접근하는 일은 두 공간을 모두 잘 이해하기 위한 한 방편이 될 것이다.

카페, 서양식 술집의 성쇠(盛衰)

유럽에서의 카페가 간단한 식사와 더불어 커피나 차를 제공하는 곳이었던 것과 달리, 1920~1930년대 우리나라의 카페는 기본적으로 술을 파는 곳이었다. 사실상, 유럽의 카페가 하던 역할을 우리나라에서는 다방이 대신하였는데, 이처럼 카페가 서양식 술집으로 변모한 것은 일본의 영향이 컸던 것으로 보인다. 카페는 일본을 거쳐서 우리나라에 들어오면서 그 모습이 변형되었고, 일본과 마찬가지로 여급이 손님을 접대하는 형태로 운영되었던 것이다.

이노우에 마리코의 논문에 따르면, 1911년 8월에 일본에서 문을 연 카페 '라이온'이 시중을 드는 여자 종업원을 채용하여 고객을 끌어들인 최초의 카페라고 한다. 카페 여급이 당시

여성들 사이에서 떠오르는 직업이 되면서, 1930년까지 오사카 내 800개의 카페에는 10,000명의 카페 여급이 종사하고 있었다고 한다. 1933년에는 일본의 카페 사업이 절정을 이루어서 37,000개소가 영업을 하였으며, 카페 여급의 수도 지속적으로 증가하여 1936년경에는 일본 전국의 여급 수가 112,000명에 달했다고 한다.[4] 일본 내 카페 사업의 번창을 짐작할 수 있는데, 일본의 영향으로 우리나라의 카페도 여급이 시중을 드는 형태로 운영된 것이다.

초창기 카페가 기본적으로 '서양식 술집'을 의미하였다는 것은 당시의 자료를 통해 확인할 수 있다. 「중외일보」 1929년 10월 4일자에는 "시내 명치정(명동)에 있는 '마루비루카페'라는 서양식 목로술집"이란 기사 구절이 실려 있으며, 다음의 기사를 통해서도 당시에 다방과 카페를 구분하였음을 확인할 수 있다.

근대문명이 조선에 수입된 이래 가관(可觀)의 문물이 많았다. 그러나 서구라거나 아메리카의 그것은 한결같이 동적인 동시에 소연(騷然)한 그것, 또는 호화(豪華)한 그것이었다. '댄스'라든가 '재즈'라든가 근대적 빌딩, 혹은 야광주(夜光珠) 같은 '일루미네이션'은 동방인(東方人)의 신경을 자극하였고 또는 아세아인(亞細亞人)의 전통과 관습을 주저(躊躇)하여 말지 않았다. 그중에도 가장 육감적(肉感的)이요, 더 나아가서는 육욕적(肉慾的)인 것은 카페인 것이다. 이와 동시에

이들 카페나 바(Bar)는 조선에 있어서도 내외주점이나 선술
집을 침해하여 카페가 느는 반면에 주점이 줄어드는 현상은
매일같이 우리들이 보는 바이었다. (중략) 좀 더 고급적(高級
的), 비육감적(非肉感的)인 그것이 없을까? 육감적이라고 하
더라도 좀더 승화된 무엇이 없을까 할 때, 극히 동방적(東方
的)이요, 고전적(古典的)인 다방이 서구(西歐) 또는 북미인(北
美人)의 손에 열렸다. 거리의 다방 출현은 현대인의 두뇌를
얼마쯤 안정(安靜)하게 하고 여유를 갖게 하였다. (중략) 진실
로 조선 사람도 차를 마심으로써 육감적인 카페를 퇴치하고
가장 동방인의 이상(理想) 속에 있는 전아(典雅)한 정조(情操)
를 기를 수 있는 것이다.(「동아일보」, 1935.6.30)

카페와 다방을 비교하면서 서술하고 있는 위의 기사를 통
해, 당시 카페와 다방에 대한 인식의 한 면을 엿볼 수 있다.
즉, 카페가 육감적이다 못해 육욕적인 공간이라면, 다방은 동
방적이면서도 고전적인 장소로 그려지고 있는 것이다. 특히
카페나 바와 같은 서양식 술집이 늘어나면서 점차 조선의 내
외주점이나 선술집은 설 자리를 잃어가고 있다고 하였다. 인
용문에서는 '카페를 퇴치하고 동방인의 이상 속에 전아한 정
조를 기를 수 있는' 다방을 좀 더 긍정적으로 기술하고 있다.
그러나 '서구인의 손에 의해 열린' 다방이 과연 동방적이고
고전적인지에 대해서는 의문이 든다. 뒤에 살펴보겠으나, 다
방 또한 당시에는 근대 문명의 상징이었고 각양각색의 이국

취향을 맛볼 수 있는 곳이었기 때문이다. 그러나 위의 기사에서 강조하고 싶었던 것은 카페에서 술을 마시는 것과 달리 다방에서는 차를 마시면서 정신적인 안정과 여유를 찾을 수 있다는 점일 것이다.

그러면 술집으로서의 카페가 우리나라에 처음 등장한 것은 언제였을까? 1931년 당시 경성 본정(현재의 충무로)의 경찰서장이었던 고마츠(小松寬美)가 『경무휘보(警務彙報)』에 쓴 'カフェ業者と其の取締(카페업자와 그 취체)'에 의하면, 1911년 남대문통 3정목에 개업한 '타이거(タイガ)'가 우리나라 카페의 효시라고 한다. 이를 필두로 하여, 1918년까지 경성의 카페는 겨우 7곳에 불과하였으나 일본 카페업의 발흥에 자극을 받아서 이후 경성에도 카페가 급격하게 증가하게 된다. 그러나 초창기에는 주로 일본인의 거주 지역이었던 남촌을 중심으로 카페가 형성되었다.

카페가 주로 조선인이 거주하고 있던 북촌으로 진출하였던 것은 1930년 이후라고 할 수 있다. 그리하여 1930년까지 겨우 6개에 불과하였던 북촌의 카페는 1932년 봄에 이르면 17개소로 늘어난다. 「동아일보」 1932년 5월 5일자 기사에 의하면, 17개의 카페 중에서 5곳은 한국인이 운영하였으며 나머지 12곳은 일본인이 경영하였다고 한다. 일본인이 카페를 경영하면서 카페는 서양색과 일본색이 결합하여 다소 이상한(?) 분위기를 연출하기도 하였다.

당시의 카페는 식민지 경성의 한복판에 이국적이고도 웅장한 모습으로 자리 잡았다. 1930년대 당시 서울의 여러 모습을 담고 있는 『대경성사진첩』(山田勇雄, 中央情報鮮溝支社, 1937)을 보면 '바론'은 1927년에 저동(당시의 영락정)에 세워졌으며 '미모의 여급'이 18명이었다고 한다. '미모의 여급'이라는 표현과 18명이나 되는 여급의 수가 말해 주듯이, 카페는 단순히 술만 마시는 곳이 아니라 돈 있는 남성들이 여급의 시중을 받으면서 술과 에로틱한 분위기에 취해 환락경을 맛볼 수 있는 곳이었다.

주지하다시피, 일제 강점기에는 청계천을 경계로 서울이 남촌과 북촌으로 나뉘었는데, 각 지역의 카페를 대략적으로 살펴보면 다음과 같다. 먼저 남촌의 카페로는 1914년에 남대문로에 개업한 '후지(富士)'가 있고 1921년에는 을지로입구에 문을 연 '은송정(銀松亭)'이 있다. 1926년에는 명동에 '마루비루(丸ビ—ル)', 을지로 2가(당시 황금정 2정목) 127번지에 '릴리', 저동 2가(당시 영락정 2정목) 60번지에 '스즈랑'이 자리를 잡았다. 식당과 카페가 종종 혼동되기도 하나,[5] 술을 주로 파는 카페와 음식을 주로 파는 식당은 구별할 필요가 있다. 물론, 카페에서 음식을 팔기도 하였으나 그것이 주는 아니었다. 『대경성사진첩』에 의하면, '후지'가 '일반 카페와 달리 요리가 주(主)'라고 기록되어 있는데, 이 점은 역으로 식당과 카페의 차이를 알려주는 것이다.

그런데 회현동 1가(당시 욱정 1정목)에 개업한 '산양헌(山陽軒)'은 다른 카페와 달라서 주목할 필요가 있다. 1937년에 3층으로 개축하였던 '산양헌'은 1층은 카페와 술을 파는 곳(酒場), 2

층은 레스토랑, 3층은 연회장(宴會場)으로 구성되었다. 산양헌은 그야말로 손님들의 목적과 취향에 따라 음식과 술을 한 건물 안에서 맛보고 즐길 수 있었던 곳이었다.

당시에는 서양요리를 파는 곳을 주로 '레스토랑'이라고 불렀는데, 카페 중에는 '산양헌'처럼 술과 음식을 함께 제공하는 곳도 있었다. 그리고 이때 제공하는 음식은 서양요리가 일반적이었다. 그러나 어디까지나 당시에 카페라고 불리던 장소의 주된 목적은 여급과 더불어 술을 마시는 것이었다. 카페는 1910년대에 처음 우리나라에 들어와서 1920년대에 점점 입지를 굳혀갔고 1930년대 내내 전성기를 구가하였다고 할 수 있다. '산양헌'처럼 '마루비루'도 1932년에 개축을 하였는데, 이처럼 카페의 몸집이 커졌다는 것은 그만큼 당시에 카페업이 번성하였다는 것을 말해주는 것이다.

1930년에는 '긴자(銀座)'와 '백접(白蝶)'이 충무로(당시 본정)에서 문을 열었다. 1937년 당시 기록에 의하면, '백접'의 여급 수가 28명이었다고 하니 가히 그 규모가 어느 정도였는지를 짐작할 수 있다. 카페와 비슷한 형태로 운영되었던 것이 '바(bar)'이다. 수적으로는 카페에 훨씬 못 미쳤지만, 바 또한 카페와 마찬가지로 여급의 시중을 받으면서 술을 마실 수 있는 곳이었다. 예를 들어, 1932년에 충무로에 문을 연 '혼마치 바(本町バー)'는 '미급(美給)'의 수가 16명이었다고 한다. 그러므로 명칭은 다르지만 당시의 카페와 바는 매우 유사한 공간이었다고 할 수 있다.

이 밖에도 당시 기록에서 찾을 수 있는 남촌의 카페로는 저동의 '적옥(赤玉)', 명동 1가 59번지의 '조일(朝日)', 충정로(죽첨정) 1가 36번지의 '희대지(喜代志)', 용문동(대도정) 35번지의 '미생헌(彌生軒)' 등을 들 수 있다. 남촌의 카페는 주로 충무로를 중심으로 그 주변에 널리 분포하였고, 주 고객층은 경성에 거주하던 일본인 남성이었던 것으로 보인다.

한편, 북촌의 카페는 1930년까지 겨우 6개에 불과하였다가 1932년 봄에 이르면 17개소로 급격히 늘어난다. 갑자기 북촌에 카페가 대거 들어서게 된 데에는 남촌의 일본인들이 북촌에 진출한 것이 크게 작용하였다. 1932년 당시, 북촌의 17개의 카페 중에서 12개소를 일본인이 경영하였으므로, 일본인은 술과 여급을 내세워 북촌의 상권까지 잠식하였다고 할 수 있다.

북촌의 대표적인 카페로는 먼저 지금의 종로 2가에 개업한 '엔젤'을 들 수 있다. 3층으로 이루어진 '엔젤'은 1층과 2층은 홀, 3층은 150명가량이 들어갈 수 있는 연회장의 설비를 갖춘 곳이었다. 「별건곤」 1932년 11월호의 기사에 따르면, '엔젤'의 운영자는 이른바 양반댁인 동일은행 민대식의 일본인 며느리인데, 이 점이 세간의 이목을 끌었음을 알 수 있다. 다음으로 1931년에는 관철동에 '왕관(王冠)'이 문을 열었으며, 그 외에 종로의 '목단(牧丹)', 관철동 220번지의 '종로회관', 종로의 '평화', 관철동 262번지의 '올림픽', 종로 4가의 '신세계'와 '향락(香樂)', 종로 2가의 '백령', 공평동 73번지의 '평안(平安)', 묘동 18번지의 '애월(愛月)' 등이 북촌에 자리를 잡았다.

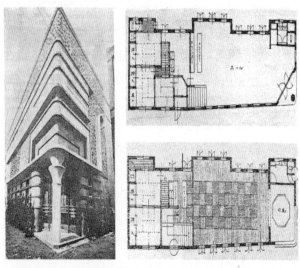

'낙원회관'의 외관과 1, 2층 평면도(김정동, 『문학 속 우리도시기행』, 옛오늘, 2001, 93쪽)

북촌의 카페 중에서 가장 규모가 크고 유명한 카페는 종로 2가 77번지에 위치한 '낙원회관'이었다. 2층의 벽돌로 만들어진 모던한 디자인의 건물에, 1층과 2층이 각각 47평의 큰 건물이었다. 이충우의 『경성제국대학』(다락원, 1980, 177쪽)의 기록에 의하면, 경성제국대학 학생들도 선술집을 거쳐 카페를 찾다보면 으레 최종 목표지가 낙원회관이었다고 하는데, 그곳에는 전속 밴드와 전속 가수까지 있었다고 한다. 물론, 학생 신분으로 카페에 드나드는 비용을 충당하기 어려웠을 뿐만 아니라 정복과 정모를 착용한 학생들의 카페 출입이 금지되기도 하였으므로 학생들이 손쉽게 카페를 출입할 수 있었던 것은 아니다. 돈 없는 학생들이 선술집 등에서 술을 마신 후에 마지막에 카페를 찾은 것도 그러한 이유이다.

'낙원회관'의 규모는 여급의 수에서도 확인할 수 있다. 「별건곤」 1932년 11월호에 제시된 여급수를 보면, '낙원회관'에 53명, '평화'에 24명, '목단'에 21명이었다고 하니, '낙원회관'이 다른 카페에 비해 월등히 많은 수의 여급을 고용하고 있었던 것이다. 여러모로 북촌의 '낙원회관'은 당시 상당한 유명세를 탔다. 참고로, 『신판대경성안내』에 제시된 당시 카페의 여급 수는 다음과 같다.

	본정서	종로서	동대문서	서대문서	용산서	계
일본인	531	122	8	12	46	719
조선인	11	162	14	84	15	286
계	542	284	22	96	61	1,005

※ 출처:『신판대경성안내』(失野干城, 경성도시문화연구소, 1936, 188쪽)

「조선중앙일보」 1931년 11월 5일자에는 당시 서울 시내 카페가 86개소, 여급이 500여 명이라고 적시되어 있다. 그런데 1936년에 오면 여급의 수가 1,000명을 넘었으니, 약 5년 만에 여급의 수가 두 배 이상 늘어난 것이다. 그만큼 1930년대에 들어서면서 카페업은 상당한 호황을 누렸다고 할 수 있다. 이처럼 1930년대에 최고의 번영을 누리던 카페는 일본 전시체제의 영향으로 단속과 규제가 심해지면서 1930년대 말에는 쇠퇴의 길을 걷는다.

1937년 중일전쟁 후, 비상시국 아래의 1938년 9월에 환락가에 대한 숙청이 발동하여 종로서에서 여급의 애칭과 카페, 바, 다방의 외국어 명칭을 모두 일본식으로 개정하라고 지시하였고(「동아일보」, 1938.9.10) 1939년에는 비상시국의 장기화에 따라 자숙을 강화하는 차원에서 당국은 카페를 위시한 유희장의 영업시간을 오후 11시로 하고 환락경인 상점가의 네온사인을 억제시켰다.(「동아일보」, 1939.10.29) 아울러 1939년에 제정된 '유흥음식세령(遊興飮食稅令)'에 의하여 카페도 유흥 음식세를 부담하면서 영업에 타격을 받았던 것으로 보인다. 이러한 상황 속에서 술집으로서의 카페는 1940년 이후에 점차 사라지게 된다.

다방, 문화 공간 혹은 무기력한 인텔리의 집합소

　"도시보다 초현실주의적인 얼굴은 없다."고 발터 벤야민이
그랬던가? 거리에 누군가 게워 놓은 토사물을 마치 '울고 있
는 소녀'로 착각할 수 있는 것처럼 식민지 시대 경성은 초현
실주의적인 얼굴을 하고 있었다. 게오르그 짐멜은 외적·내적
자극들이 급속도로, 그리고 끊임없이 바뀌기 때문에 대도시에
사는 개인들의 전형적인 심리적 기반은 신경과민이라고 한 바
있다.[6] 실제로 대도시의 표정은 현혹적이고 기만적이며, 그
속에서 사람들은 아이처럼 불안감을 갖게 되고 이는 곧 자아
정체성의 상실로 이어지기도 한다.[7] 그런데 여기에 '식민지'
라는 것이 중첩되면서 경성의 이른바 근대인들이 느낀 초조함
과 불안감은 더 가중되었을 것이다.

물론, 당시 경성에 살던 모든 사람들이 대도시의 충격을 온몸으로 버텨내야 하지는 않았을 것이다. 정말 하루하루 먹고 살기도 힘든 대다수의 서민들에게 '대도시의 충격'은 배부른 소리에 지나지 않았을지도 모른다. 그들에게 다방과 카페는 먼 나라의 얘기로만 들렸을 수도 있다. 언제나 느끼는 것이지만 일반화에는 분명 한계가 있다. 오늘날과 마찬가지로 일제 식민지 시대를 살아간 우리의 조상들도 다종 다기한 모습으로 존재하였다. 수없이 많은 마음의 갈래들과 더불어 내가 존재하듯이, 사람들은 그 얼굴만큼 다양한 모습을 지닌 채 살아간다. 그러므로 우리는 그때 그 시절의 인상적인 몇 가지 장면만을 포착해 낼 수 있을 뿐이다. 이러한 사실을 전제하고 다방과 카페를 둘러싸고 연출된 풍경을 엿보기로 한다.

　이 책의 앞에서 다방의 경영자가 문인이나 화가와 같은 예술가가 많았음을 확인하였다. 그렇다면 이러한 다방에는 어떠한 사람들이 드나들었을까? 그 전에 당시의 다방은 두 가지로 대별되었음을 인식할 필요가 있다. 현민이 쓴 '현대적 다방'(「조광」, 1938.6)이란 글에 따르면, 당시의 다방은 '차를 파는 다방'과 '차를 마시는 기분을 파는 다방'으로 나뉘었음을 알 수 있다. '명과(명치제과)', '금강산', '아세아' 등은 차를 파는 다방이었다고 할 수 있다. 이러한 다방은 그야말로 차를 마시기 위해 가는 곳이었다. 따라서 분위기도 대체로 개방적이고 명랑하며 명곡 음반이 없는 대신에 찻값이 싸고 남자 아이들이 급사로 있었다. 그러나 채만식은 '명과'나 '금강산'처럼

차만 파는 곳을 일러 '차를 파는 가게이지 다방은 아니'라고 하기도 하였다.[8]

채만식의 지적에서 알 수 있는 것처럼, 당시의 다방은 '차만 파는 곳'보다는 '차를 마시는 기분을 파는 다방'에 그 초점이 맞추어져 있었다. 특히 우리나라 사람들이 주로 거주하였던 북촌에 형성된 다방들은 대부분 이러한 특성을 지니고 있었다. '차를 마시는 기분을 파는 다방'은 귀족적이고 폐쇄적이고 고답적이며 베토벤이나 모차르트 등의 고전음악을 들려주는 대신에 찻값은 비쌌다. '차를 파는 다방'에 상인, 관리, 회사원 등이 출입한 것과 달리 이들 '차를 마시는 기분을 파는 다방'에는 주로 예술가, 길거리의 철학자, 실업자, 유한마담, 여급, 대학생들이 드나들었다.

흥미로운 것은, 그 다방의 경영자가 누구이고 위치가 어디냐에 따라서 그곳을 이용하는 손님들과 다방에서 들려주는 음악이 달랐다는 점이다. 먼저, '멕시코'는 '카카듀'가 종로에서 사라진 뒤 거의 유일한 종로 거리의 다방이었기 때문에 한동안 문사, 음악사, 배우, 신문기자들을 위시하여 문화인이 모여드는 중심 공간이었다. 이봉구의 증언에 의하면, 이광수, 변영로, 김석송(김형원), 안석영, 구본웅, 도상봉, 김정항, 김을한, 이승만, 서월영, 홍종인 등이 이곳에 모였다고 한다.

이렇듯 예술인들의 아지트였던 '멕시코'는 1930년대 중반에 오면, 배우, 여급, 기생들이 가장 많이 출입하는 곳으로 변한다. 그 이유는 '멕시코'의 맞은편에 카페 '낙원회관'이 들어서고,

그 주위에 극장이나 '명월관'과 같은 요릿집이 있었기 때문이다. 그곳에서 일하던 배우, 여급, 기생 등이 일을 마치고 자연스럽게 '멕시코'에 들러서 차를 마시면서 고단한 몸을 쉬곤 하였던 것이다. 주 이용객에 따라 실내 장식도 그에 맞게 꾸며졌다. '끽다점 평판기'(「삼천리」, 1934.5)에 의하면, '멕시코'의 벽면에는 무용가 최승희의 나체(당시 기준으로 나체인지는 모르겠으나 아마도 수영복 차림의 최승희 사진을 일컬었을 것이다) 무용 사진이 걸려 있었고, <모나리자의 실종> <서반아광상곡(西班牙狂想曲)> 등 선정적인 극장 포스터가 벽면을 장식하였다고 한다.

다음으로 '낙랑파라'는 그 주인이 동경 우에노(上野) 미술학교 도안과를 졸업한 이순석이라서 그런지 화가들이 자주 찾았다. 또한 위치가 소공동으로 일본인 거주 지역과 가까운지라 일본인이나 '랑데부(Rendezvous: 데이트)'에 몸이 곤한 청춘남녀들도 가끔 찾아왔다. 영화배우 김연실이 '낙랑파라'의 마담이 되면서 이름도 '낙랑파라'에서 '낙랑'으로 바뀌었는데, 이때부터 '낙랑'은 예술인들의 안식처이자 창작의 산실로 기능하였다. 1936년 당시 '낙랑'을 이용하던 문사로는 안석영, 최정희, 정지용, 김상용 등과 함대훈, 이헌구, 김광섭과 같은 해외문예파를 들 수 있다. 특히 '낙랑'이 '구인회(九人會)'의 아지트였다는 것은 주지의 사실이다. 이렇다 할 서재조차 갖추기 어려웠던 시절에 '낙랑'은 서재 겸 공동 토론장으로서의 구실을 하였던 것이다.

문인들은 이곳에 모여 조용히 시상(詩想)을 닦거나 소설 이야기를 생각하다가 돌아갔고, 영화인들은 <파리제(巴里祭)> <서반아광상곡(西班牙狂想曲)> <모로코>와 같은 외국 영화나 외국 배우들에 대한 비평을 하기도 하였다. '낙랑'에서 30여 명의 문사들이 모여서 열었던 '시성(詩聖) 괴테 백주년기념제'나 안석영(1901~1950)이 시나리오를 쓴 <춘풍>(박기채 감독, 1935)이 영화로 만들어진 것을 축하하기 위해 열었던 축하회 등을 통해서 '낙랑'이 단순한 다방을 넘어서 문화적 공간으로 기능하였음을 확인할 수 있다. 그뿐 아니라 '낙랑'에서는 화가 구본웅(1906~1953)의 개인전은 물론 시인들의 시집 출판 기념회도 가끔 개최되었으며, 제국대학 학생 그룹의 '만돌린회' 같은 것도 열리곤 하였다. 빅타 사나 콜럼비아 사와 같은 음반회사가 근처에 있어서 '낙랑'에는 가수들이 출입하기도 하였고 이곳에서 금요일마다 빅타의 신곡 연주회도 열렸다.

'낙랑'은 처음부터 단순히 차를 파는 공간 이상을 지향했다. 남국의 파초가 문 밖에 푸르게 서 있는 '낙랑'은 3층으로 구성되어 있었는데, 위층은 '아틀리에'이고 아래층은 '끽다점'이었다. 이러한 공간 구성으로 인해 전시회나 연주회 등의 개최도 가능하였던 것이다. 그야말로 '낙랑'은 문화와 예술의 산실로서의 기능을 톡톡히 하였다. '낙랑'에서는 다양한 음악을 들을 수 있었다. '낙랑'의 마담이었던 김연실의 말에 의하면, '낙랑'에는 세레나데 종류의 음반이 많았고 카루소나 일본 오페라 가수였던 후지와라 요시에(藤原義江, 1898~1976)의 음반도 여러 장 있었다고 한다. 또한 스코틀랜드의 음반과 스페인의 무용

곡 음반도 들려주었다고 하니, 그 덕분에 사람들은 이곳에서 다양한 음악을 향유할 수 있었다.

영화배우 복혜숙이 운영하였던 '비너스'에는 복혜숙의 동료 배우들이 많이 출입하였다. 동극좌와 청춘좌의 심영, 서월영, 황철, 차홍녀, 지경순 등이 그들이다. 또한 현진건, 노심유, 구본웅, 이청전 등의 문인과 예술인들이 가끔 들렀으며, 여운형이 와서 초콜릿과 차를 마시고 간 적도 있다고 한다. '비너스'에는 쌀 도매업자나 광산업을 하는 사람들도 오곤 하였는데, 쌀 도매업자들은 복혜숙이 3년 동안 인천에서 머무른 인연으로 출입하게 되었다. 그러나 해외문학파는 '비너스'에 거의 출입을 하지 않았다고 하니, 다방별로 주 이용객이 달랐던 당시의 상황을 엿볼 수 있다. 어떤 사람들과 어떤 곳에서 어울리는가에 따라서 그 사람의 정체성이 규정되기도 한다. 장소가 사람을 규정하며, 1930년대의 다방에서도 그러한 현상을 목도할 수 있다. 사람들은 무리를 형성하고 그들만의 아지트를 만들어서 교감하고 소통하였던 것이다. 그러한 과정에서 새로운 문화, 혹은 그들만의 문화를 산출하기도 하였다.

다방에 따라서 음악적인 특색도 달랐는데, '낙랑'에서 주로 세레나데를 들을 수 있었다면, '비너스'에서는 조선 유행가를 많이 접할 수 있었으며, 일본의 유명한 신민요 가수였던 가츠타로(勝太郎)나 이치마루(市丸) 등의 노래도 감상할 수 있었었다. 특정 공간을 매개로 하여 음악과 사람이 만나 나름대로의 독특한 특성을 창출한 것이다. '비너스'도 극장과 음악회의 포스터를 항상 걸어놓았지만 실제 전람회를 많이 열지는 못하였다. 그러나 극장과 음악회의 포스터를 걸어놓고 「조선일보」나 '매일신보'와 같은 신문, 「삼천리」「조광」「여성」 등의 잡지와 영화잡지를 비치해 놓은 데에서 '비너스' 또한 문화 공간을 지향했음을 알 수 있다. 다방의 마담이 참석한 좌담회(「삼천리」, 1936.12)에 의하면, 사회자도 외국에서 발달한 '살롱 문화'를 언급하면서 조선에서도 그러한 노력을 해야 한다고 강조하고 있다. 당시의 다방들이 지향한 바가 무엇인지 확연히 알 수 있는 대목이기도 하다.

배우이자 가수로 활동하였던 강석연이 운영한 '모나리자'는 충무로에 위치하였다. 충무로와 명동의 '금융가'에 인접해 있다 보니, 주식에 관계하는 사람들이 이곳을 많이 찾았다고 한다. 또한 강석연의 직업이 가수였던 만큼, 왕수복, 선우일선, 강홍식, 김복희와 같은 당대의 내로라하는 인기 가수들이 '모나리자'에 들렀다. '비너스'가 주로 조선 유행가를 들려주었던 것과 달리 '모나리자'는 미국풍의 재즈를 틀어 주었고 조선 음반은 거의 갖다 놓지 않았다고 한다. 당시의 좌담회에서 강석연 또한 '모나리자'를 '시인 묵객의 집회 장소'로 제공하고 싶다고 한 것으로 보아서 '모나리자'도 '낙랑'과 마찬가지로 이른바 문화 공간을 지향했음을 알 수 있다.

그 밖에 '프라타나'에는 극예술연구회원을 비롯하여 여러 문인과 묵객들, 일본 학생, 총독부의 월급쟁이들이 출입하였다. 음악은 대부분 양곡(洋曲)을 선호하였고 실내 장식은 침정

(沈靜)하고 부드러운 것이 특색이었다. '뽄아미'에는 신문기자와 은행원들이 가장 많이 출입하였으며, 화가들도 많이 모여서 구본웅과 도상봉의 개인전이 열리기도 하였다. 마지막으로 이상이 경영하였던 '제비'에는 화가, 신문기자, 그리고 동경과 대판으로 유학하고 돌아와서 할 일 없어 '양차(洋茶)'나 마시며 소일하는 유한청년들이 많이 들렀다.

이처럼 다방은 그 위치가 어디이고 주인이 누구냐에 따라서 분위기나 특색이 사뭇 달랐다. 특히, '차를 마시는 기분을 파는 다방'의 경우는 공통적으로 문화 공간을 지향했음을 알 수 있다. 이는 다방의 운영자가 화가나 배우, 문인처럼 예술가들이 많았던 데에서 기인한 특징이라고 할 수 있다. 가난한 예술가들에게 외상을 잘 주었던 '멕시코'의 경우, 젊은 사람들이 모일 수 있는 장소를 제공하자는 주인의 취지에 따라 아침 11시부터 저녁 늦게까지 문을 열어두었다고 한다. 그 바람에 이순석이 다방 경영을 그만 두었던 1931년 8월 당시, 외상값만 무려 3,500원(자본금 1,400원)이어서 손님들의 서명을 받은 전표가 구두 상자로 가득하였다고 한다.[9] 이렇게 적자를 보면서도 다방의 문을 계속 열었던 것은 다방을 통해 '살롱문화'를 실현시켜 보고자 하였던 몇몇 뜻있는 사람들 때문이었다.

그런데 다방이 문화인들의 사랑방 내지는 연락 장소로서의 구실을 하는 문화 공간만은 아니었다. 당시에 다방에 드나들던 실업자 지식인을 비판한 다음의 글은 다방 문화의 한계와 병폐도 함께 보여준다.

다방이란 존재는 가장 물적으로 현대 지식인의 무기력(無氣力), 무의지(無意志), 무이상(無理想), 권태(倦怠), 물질적 결핍(物質的 缺乏), 진퇴유곡(進退維谷)된 처지를 나타내는 곳이다.(현민, '현대적 다방이란', 「조광」, 1938.6)

다방에 대한 부정적 언사를 다 끌어 모은 듯한 이 글은 현민이 '현대적 다방이란'이란 글에서 다방을 비판한 것이다. 실제로 당시의 다방은 긍정적인 의미의 문화공간으로만 존재하지는 않았다. 하는 일 없이 하루 종일 다방으로만 전전하던 무기력한 지식인들의 '집합지'이기도 했던 것이다. 당시에는 이른바 '다점 순례'가 일종의 취미로 인식되기도 하였다. 일례로, 일제시대 대중가요 작곡자이자 포리돌 음반회사의 문예부장을 역임하였던 김준영은 좌담회에서 취미가 무엇인지를 묻는 말에, "저는 다점 순례를 좋아합니다. 친구도 만나고 또는 무엇을 생각하기도 좋고…… 아마 하루에 차 20잔은 먹게 되지요."[10]라고 대답하기도 하였다.

이처럼 다점 순례가 일종의 취미로 여겨질 정도로 보편화되어 다방을 전전하는 사람들이 늘어나자, '벽화(壁畫)'나 '금붕어'와 같은 표현도 등장하였다. '벽화'는 벽에 붙은 그림처럼 다방에서 두세 시간씩 꼼짝 않고 앉아 있는 사람을 의미하며, '금붕어'는 온종일 다방을 돌아다니면서 물만 마시는 사람을 뜻한다. 그렇다면 우리는 이러한 사람들의 행위를 어떻게 바라보고 평가해야 할까? 어찌 보면, 실업자 지식인들의 이러한 행위는 벤야민이 말하는 '진정한 산책자'라기보다는 '뮤자르'에 가깝다고 할 수 있다. 다시 말해, '돌아다니면서 탐구하는 자로서의 산책자'가 아니라 '어떤 행위에 대한 선택적 욕망도 없이 빈둥대며 시간을 낭비하는 뮤자르'와 흡사한 것이다.

뮤자르의 유일한 일이란 '아무 것도 하지 않는 것'이었으며 '무관심하고 서두르지 않으면서 귀족 역할을 수행하지만 그것은 연극적 실행에 불과한 기만'11)일 뿐이다. 그러므로 이러한 '게으른 몽상가'의 집합지를 현민이 무기력, 무의지, 무이상, 권태가 몰려 있는 곳으로 비판한 것은 일견 타당한 것이다. 우리는 그들이 다방에서 어떤 생각을 하면서 시간을 보냈는지 알 수 없다. 그렇게 멍하니 보낸 시간들이 창작이나 생산을 위해 필연적으로 보내야 하는 묵상의 시간이었는지도 알 수 없다. 그러나 그들 중에 상당수는 다방에 죽치고 앉아서 세월만 보내고 있었던 것은 아닐까? 아무 것도 생산해내지 못한 채, 다방에서 그렇게 세월만 가라 한 것은 아닐까? 그러나 슬프다. 아무것도 할 수 없었던 식민지 지식인의 모습이 당시 식민지 조선의 한 표상인 것만 같아서.

카페, 퇴폐와 환락의 전당

앞서 다방이 문화 공간이자 실업자 지식인의 집합소로 기능하였음을 밝혔다. 그렇다면 카페는 어떤 공간이었을까? 카페는 기본적으로 '돈 있는 자제가 술과 계집을 얻으러 가는 곳'(「삼천리」, 1932.9)이었다. 그에 따라 카페에 출입하는 사람들도 대체로 회사원, 은행원, 관리, 신문기자, 문사, 학교 교원처럼 경제적인 여력이 되는 사람들이 대부분이었다. 그도 그럴 것이, 당시 서민들의 술집이었던 선술집과 비교할 때, 카페의 술값은 매우 비쌌다. 이충우가 쓴 『경성제국대학』에 의하면, 식료품상에서는 맥주 한 병을 35~40전에 팔았는데 카페에서는 맥주 한 병을 60전씩 받았다고 한다. 상황이 이러하다 보니, 카페의 주요 고객은 중산층 이상의 도시 남성들이 될 수밖에 없었던 것이다.

물론, 학생들도 카페에 출입하곤 하였다. 그러나 당시에 학생들의 카페 출입이 당연하거나 자연스러운 일로 받아들여지지는 않았다. 오히려 학생들의 카페 출입은 사회적 문제가 되었으며 이에 대한 비판의 소리도 높았다. 1925년 1월 25일자 「시대일보」에 실린 '불량학생 풍기 취체, 경기도 보안과에서 신년의 첫 계획으로 제일 착수가 카페집 음식점'이라는 글을 통해서, 카페가 우리나라에 들어선 초창기부터 학생들의 카페 출입이 문제가 되었으며 카페를 출입하는 학생을 불량학생으로 간주하였던 저간의 사정을 엿볼 수 있다. 1935년 1월 18일자 「동아일보」에 수록된 '학생풍기 총결산 탈선 행동 1,200건, 극장, 카페 출입이 최다'라는 제목의 기사에서도 학생들의 카페 출입이 탈선행위로 인식되었던 당시의 세태를 엿볼 수 있다. 특히, 정복과 정모 차림의 학생들이 카페를 출입하는 것은 더욱 큰 문제가 되었으며, 이를 엄금하는 내용의 카페 취체령이 여러 번 공표되기도 하였다.

투쟁을 잊고 이런 카페에 은신하여 에로를 핥는 그들의 생활은 그 얼마나 퇴폐적이며 환락적이며 도피적이며 환멸적인가? 조선 사회의 장래를 두 어깨에 짊어진 조선의 젊은 이들이 현실의 모든 것을 도피하려는 듯이 카페의 푸른 등 아래에서 웨이트리스의 웃음에 싸여 귀한 시간을 낭비하며 아까운 돈을 뿌리고 있고 그들의 의식이 혼돈되어감이 이미

한심한 현상인데, 더구나 수학(修學)에 열중하여야 할 학생의 몸으로 정복 정모 채로 카페에 거리낌 없이 출입하는 사람이 늘어감에는 실로 언어도단(言語道斷)의 감이 없지 않다. 이에 우리는 이런 현상을 그냥 간과할 수 없어 사회 측과 학교당국 측과 학생 측과 경찰 당국의 말을 들어 이에 기재하고자 하는 바이다.(「실생활」, 1932.7)

이처럼 정복과 정모 차림으로 카페에 출입하는 학생들에 대한 비판의 소리가 높았는데, 이는 역으로 당시 학생들의 카페 출입이 빈번하였음을 보여주는 것이기도 하다. 위의 기사에서 알 수 있는 것은 당시의 카페가 지니고 있는 문화적 성격이다. 그것은 한마디로 말해서 카페가 퇴폐적이고 환락적이고 도피적이고 환멸적인 공간으로 인식되었다는 것이다. 종종 경성의 1930년대를 '에로 그로 넌센스'의 시대였다고 기술하기도 한다. 에로티시즘(Eroticism)의 약자인 '에로'와 그로테스크(Grotesque)의 약자인 '그로', 그리고 넌센스(Nonsense)가 합쳐진 '에로 그로 넌센스'는 '음탕하고 기괴하며 어처구니없이 우스운 것'을 의미하였던 것이다.[12] 일본에서 유행하였던 이 말은 식민지 조선에도 유입되었는데, 카페는 '에로 그로 넌센스'를 한꺼번에 경험할 수 있는 장소였다고 볼 수 있다. 카페는 데카당과 에로의 극치를 보여주었으며 온갖 범죄의 온상이기도 하였던 것이다.

유흥 중에서 지독히 데카당적인 것은 아마 요릿집, 바, 카페일 것이다. 거기에는 술이 진리요, 취하는 것이 최고 인생관이다. 이성의 값싼 웃음을 '바이블(성경)'같이 애지중지하는 곳이 아닌가? 슬프다고 마시고 기쁘다고 마시고 분김에, 혹은 연극으로 사교와 술책으로 마시고 논다. 그리하여 늘어가는 것은 주당(酒黨)뿐이요, 작금 장안에 기현상이 있다면 여급과 기생과 창기 등의 격증이요, 요릿집, 바, 카페의 수입증가일 것이다. (중략) 광산경기가 반영된 것인지 혹은 사변경기인지 황금우(黃金雨)가 쏟아진다. 네온사인의 홍원(紅園) 속에 녹주(綠酒)가 오가고 값싼 웃음과 희색(喜色) 아양의 꽃이 만발하는 중에 밤은 새어 낮이 되고 낮은 다하여 밤으로 변하곤 하는 것이다. 가냘픈 웃음과 술 향기에 빠진 이들은 무슨 주(株)가 폭락하였다는 등 젊어서 질탕 놀자는 등 현실이 술을 마시게 한다는 등, 모두 이유 없는 유흥은 없다.(「동아일보」, 1939.2.15)

'염가(廉價)의 가두(街頭) 오아시스 다방은 우울전(憂鬱展), 시간제(時間制)로 허리 못 피는 요정(料亭) 여흥가(餘興街)에 황금홍수(黃金洪水)'라는 제목의 이 기사는 당시 카페의 데카당적이고도 에로틱한 분위기를 잘 보여 주고 있다. 이 기사가 나온 1939년은 이미 일본이 전시체제에 돌입한 시기였고 태평양전쟁을 앞두고 있었던 비상시국이었으므로 일본의 식민지였던 조선에도 이른바 자숙(自肅)과 자계(自戒)의 기운이 농후하던 시기였다. 그럼에도 불구하고 유흥계만은 별유천지(別有天地)

처럼 번영하고 발전하여서 오히려 명월관과 같은 요릿집이나 카페의 수입은 증가하였고 더불어 여급과 기생과 창기 등의 소득도 늘어만 갔다는 것이다. 일례로, 1938년도 기생과 예기들의 화대를 보면, "조선인 요정이 97만5천3백99원이고 일본 내지인 요정이 155만1천여 원인데, 이는 1937년도에 비하여 모두 2할이 증가한 것"(「동아일보」, 1939.2.15)이라고 하니, 수치의 정확성은 차치하더라도 도시에 만연하였던 향락적인 분위기만은 감지할 수 있다.

카페의 에로틱하고도 퇴폐적인 성격은 1920년대 말부터 이미 문제가 되었고 이를 억제하는 차원에서 단속 규칙이 공표되기도 하였다. 여급이 문간에 나와서 고객을 끄는 등의 호객 행위가 문제가 되었고 1927년에는 이를 못하게 하기도 하였다.(「동아일보」, 1927.6.15) 1931년 9월 23일부터 시행하였던 카페 단속 규칙을 제시하면 다음과 같다.

1. 영업소 외부의 장식을 화미케 할 것.
2. 영업소 내부는 백색등으로 하여 신문을 용이하게 보도록 할 것.
3. '폿구스(ボックス: 칸막이한 좌석-인용자 주)'의 한쪽은 광장에서 보이도록 개방할 것.
4. 혼합석 이외에 특별실을 설치치 못하게 할 것.
5. 고성 축음기의 사용은 오후 11시까지에 한할 것.
6. 영업시간은 특수지역을 제외하고는 야간 1시를 불초

케 함.

7. 여급을 고용(雇用)할 시는 동기, 교육 정도를 상세히 청취하여 둘 것.

8. 여급은 부모에게서 통근하던 자를 제외하고는 옥내에서 합숙케 할 것.

9. 여급이 받는 팁은 전부 본인의 소득으로 하고 포식대(飽食代)와 기물손(器物損) 등의 배상(賠償)에는 관계치 않도록 할 것.

10. 여급에게 의류 구입을 강제하지 말 것.

11. 영업 중 여급에게 댄스 및 비천하고 외설적인 행동을 시키지 말 것.

(고마츠(小松寬美), 'カフェ-業者と其の取締', 『경무휘보』, 조선경찰협회, 1931, 81쪽)

경기도 경찰 보안과에서는 카페로 인한 폐해가 늘어나자 위의 조항을 만들어 엄중 단속하기로 하였다. 그런데 그 내용을 보면, 이른바 데카당적이고 에로틱한 카페의 모습을 불식하기 위한 것이 대부분임을 알 수 있다. 칸막이를 한 좌석의 일부를 외부에서 보이게 하라고 한 것이나 고성 축음기를 11시 이후에는 사용하지 못하게 한 것, 영업시간을 야간 1시를 넘지 못하게 한 것 등은 퇴폐적이고 환락적인 카페로 인해 생겨난 폐해를 줄이기 위한 처방이라고 할 수 있다. 그런가 하면, 마지막 조항에서 여급에게 댄스 및 비천하고 외설적인 행동을 시키지 말라고 한 것은 이른바 에로의 발산지로서의 카페에 대한 규제책이라고 할 수 있다.

초기부터 카페 여급이 손님과 댄스를 하는 것은 문제가 되었다. 그러나 여급의 댄스를 금하였음에도 불구하고 이를 어기는 사건은 종종 발생하였다.「동아일보」1934년 3월 9일자에 실린 "시내 영락정 2정목 75번지의 적옥 경성회관의 목촌 야에고(牧村やエコ)라는 여급이 카페홀에서 손님과 더불어 댄스를 한 것이 소관 본정 서원에게 발각되어 본 카페 주인과 함께 본정서에 인치되었다."는 기사가 그 한 예가 될 것이다. 이 기사를 통해서 댄스를 금지하였음에도 불구하고 카페 여급이 손님들과 함께 춤을 추는 행위가 여전하였음을 알 수 있다.

이처럼 20세기 전반기의 카페는 퇴폐적이고도 에로틱한 공간이었다. 그러나 이보다 더 큰 문제는 카페가 온갖 범죄의 온상이었다는 점이다. 당시의 신문을 보면, 카페에서 크고 작은 사건이 심심찮게 벌어졌다는 것을 알 수 있다. 작게는 무전취식(無錢取食)에서부터 도난, 폭행, 살인사건 등의 중대 사건들이 벌어지기

'광란의 박테리아'
(「조선일보」, 1928.10.30)

41

도 하였다.

「동아일보」 1934년 1월 8일자에는 엔젤 카페에서 자신을 공산당원으로 표방한 한 일본인이 권총으로 여급을 협박하여 무전취식을 하였는데, 권총은 나중에 장난감 권총인 것으로 판명되었다는 기사가 실려 있다. 그 밖에도 「동아일보」 1934년 1월 31일자에는 '카페 괴남아 결국 무전취식'이란 제목의 기사가 실려 있는데, 돈 한 푼 없는 청년 두 명이 30여 원어치의 술과 음식을 무전취식하였다는 내용이다. 장난감 총으로 협박해서 무전취식을 하는 것이나 돈도 한 푼 없으면서 배짱 좋게 술과 음식을 먹은 청년들은 모두 1930년대 경성의 어두운 그림자를 보여주는 것 같아서 씁쓸한 웃음을 자아낸다.

그런가 하면, 카페 여급의 핸드백이나 '뽀이(남자 급사)'들의 외투가 사라지는 사건도 종종 발생하였다.[13] 「동아일보」 1938년 2월 28일자에는 '카페 전문 절도범 잡힘'이라는 제목의 기사가 실려 있다. 이 기사에 의하면, 현금 4백여 원을 가지고 상경한 한 남자가 카페와 바 등지로 다니며 돈을 다 쓴 후에 식비로 곤란을 겪자 카페 여급의 의복이나 핸드백만 전문으로 수천 원 어치를 절취하였다고 한다. 이처럼 카페에서는 절도 사건도 빈번하게 발생하였다. 당시의 표현을 빌리자면, 카페 여급은 '외형적으로는 모던 생활자'(赤羅山人, '모던數題', 「신민」, 1930.7)였다. 따라서 유행의 첨단을 걸었던 카페 여급이 지니고 다니는 물건이 '돈이 되는 물건'으로 인식되면서 절도범들의 표적이 되었을 것이다.

카페는 폭행이 빈번하게 일어나는 곳이기도 하였다. 「조선중앙일보」 1935년 12월 20일자에 실린 기사에 따르면, 종로회관에서 술을 마시고 놀던 문방구상 이재덕이 이무돌이란 여급에게 강제로 술을 권하고 폭행하였는데, 폭행의 원인은 다른 여급에게 '식도원'이란 요릿집에 놀러 가자고 하였으나 그 여자가 거절한 것에 앙심을 품어서였다. 자신이 놀러가자고 한 여급이 말을 듣지 않는다고 다른 여급에게 분풀이한 이 남성의 행위는 그저 기가 찰 뿐이다. 또한 '올림픽' 카페의 고용인 민병창은 카페의 피고용인인 구교순이 전차금(前借金)을 내지 않고 어디론가 가버렸다며 그녀의 남편 이은용을 잡아서 불법으로 감금하고 폭행하여 10일 간의 영업정지를 받기도 하였다.(「동아일보」, 1934.8.18)

또한 학생들이 카페에서 폭행을 하여 물의를 일으키기도 하였다. 「동아일보」 1934년 11월 22일자 기사에 따르면, 모 전문학교 학생 두 명이 '엔젤' 카페에서 여급 박정자를 난타한 끝에 남자 급사들과 큰 싸움을 벌였다고 한다. 급사들과의 싸움에 불쾌한 감정을 품은 학생들이 전문학교 재학 중인 다른 학생들과 작당하여 또다시 폭행을 하여 사회적 문제가 된 것이다. 그러나 이러한 학생들의 싸움보다 더 무서운 것은 종종 폭력단과 결부되는 대규모의 폭력 사건이다.

「동아일보」 1933년 3월 1일자 기사에 의하면, 1933년 2월 27일 오전 2시경에 시내 일출(日出) 소학교 운동장에서 시내 본정 27번지 도하정웅(道下正雄)과 본정 1정목 10번지 오촌원

육(奧村源六)이 시내 모 카페 여급 이등애자(伊藤愛子)를 서로 사랑하는 것이 탄로 나자, 일대 격투를 벌였다고 한다. 사건의 당사자 중 한 명인 도하정웅은 폭력단원인지라 부산, 평양 등지의 동료들에게 도와달라는 전보를 쳤고, 이를 안 본정서에서 18명의 폭력단원을 검거하였다는 것이다. 마치 서부 활극의 결투를 연상하게 하는 이러한 결투가 카페를 둘러싸고 벌어지기도 하였던 것이다.

1930년대 중반에 서울 일대의 폭력단은 사회적인 문제가 되곤 하였다. 「동아일보」 1935년 5월 14일자에 "밤거리의 왕노릇을 하는 불량 폭력단이 크게 발동하여 밤이 되면 카페, 바 등지의 요리점이나 극장 같은 곳에 나타나 공공연히 시골 사람을 후리어 위협한다."는 기사가 실릴 정도로 폭력단은 물의를 빚곤 하였다. 1930년대 전반에 서울에서 최대의 세력을 가진 폭력단으로는 우미관사자(優美館獅子), 다방골 평양서방, 은송정태랑(銀松亭太郎)이 있었는데, 이 중에서 은송정태랑은 카페와 연관된 폭력단이었다. 이들이 하는 일은 카페 주변에서 일어나는 싸움을 해결하고 그 대가로 카페로부터 돈을 받는 것이었다. 오늘날 일부 유흥업소가 폭력단과 결부되었다고도 하는데, 이러한 카페와 폭력단의 결탁은 이때부터 그 시초를 찾을 수 있다.

이처럼 카페는 폭력단과 결부되어 크고 작은 폭행 사건이 빈번하게 일어나는 곳이기도 하였다. 이러한 폭력과 폭행에 더하여 카페에서 살인 사건이 발생하기도 하였다. 1931년 4월

29일에 대도정(현재의 용문동)에 있는 카페에서 살인 사건이 발생하였고(「동아일보」, 1931.5.2), 「동아일보」 1935년 6월 10일자에는 '카페 殺人犯 殺人罪로 公判에 會付'라는 제목의 기사가 다음과 같이 실려 있다.

> 지난 22일 밤에 시내 대도정 35번지 미생헌(彌生軒)이라는 카페에서 대도정 이태석 외 수명이 여급을 상대로 술을 마시다가 서로 말다툼 끝에 싸움을 하게 되었는데, 때마침 그 옆으로 지나가던 경전 직공으로 미생정 11번지에 살고 있는 향월광언(香月光彦)과 남대문통 3정목의 대기호차(大崎虎次)가 카페로 뛰어들어가 자신들이 사랑하는 여급들을 폭행을 한다는 이유로 단도로 이태석의 복부를 찔러 중상을 입게 하여 (이태석은) 얼마 아니 되어 죽게 되었다.(「동아일보」, 1935.6.10)

카페 '미생헌'에서 이태석 외 여러 명이 여급들과 술을 먹다가 서로 말다툼 끝에 싸움이 벌어졌는데, 마침 그곳을 지나가던 향월광언과 대기호차가 그 광경을 목격하고 싸움에 가세하였다. 자신이 사랑하는 여급들을 폭행하였다는 이유로, 향월광언이 단도로 이태석의 복부를 찔렀고 결국 이태석은 사망하였다. 이 사건은 당시에도 매우 충격적인 사건으로 받아들여졌을 것이다. 그 때문에 이후 신문 기사에서도 지속적으로 이 사건의 재판 결과를 싣고 있다. 체포된 향월광언은 10년

구형을 받았다가 이후에 7년을, 대기호차는 2년을 구형받음으로써 사건은 마무리된 것으로 보인다.

이처럼 20세기 전반기의 카페는 각종 범죄의 온상이었다. 카페와 관련된 범죄 기사는 아직도 한참을 더 늘어놓을 수 있으나 기사 하나만 더 보고 마무리하자. '카페출입에 망신한 청년'(「동아일보」, 1934.2.16)이라는 제목의 기사에서는 우체국 직원 한진경이 공금을 횡령하여 카페에서 쓰다가 발각되어 동대문서에 붙잡혀 갔다는 내용이 실려 있다. 공금을 횡령해서라도 가고 싶었던 카페. 도대체 카페가 무엇이기에 일부 남성들은 그곳에 가지 못해 안달이 났던 것일까? 다방걸과 카페걸에 대한 다음의 고찰을 통해서 당시 일부 남성들의 일그러진 욕망의 편린을 엿볼 수 있다.

순수와 관능의 간극, 다방걸과 카페걸

기본적으로 찻집으로서의 다방과 술집으로서의 카페가 구별되었다면 그곳에서 일하던 여급은 어떠했을까? 이른바 다방걸과 카페걸의 차이는 무엇일까?

다방걸과 카페걸이 모두 여급으로 지칭되기는 하였으나 그렇다고 해서 그들을 동일선상에 놓고 이해할 수만은 없다. 「삼천리」 1934년 5월호에 수록된 '끽다점 평판기'라는 글을 보면, 당시 다방 계산대에 미모의 여인이 앉아 있는 곳은 '뽄아미'와 '제비'밖에 없었다고 한다. 소위 '마담'의 자격으로 계산대를 지키는 여성을 제외하고 다방에서 여급을 고용하는 일은 흔하지 않았다고 볼 수 있다. 그러나 1930년대 초반과 달리 1930년대 중반을 넘어가면 다방의 계산대를 여성들이 담당하

는 일이 일반화되었다. 그렇더라도 다방걸에 대한 손님들의
반응은 카페의 그것과 달랐다.

> 일부러 턱 앞에까지 와서 은근히 찻값을 주고 가는 손님,
> 시침을 딱 떼고 들어와서 신문을 읽는 체하고 힐끗힐끗 바
> 라다보는 손님, 사진기를 들고 와서 숫기 좋게 "하나 박을
> 까요?" 들이대는 손님('한송이 붉은 꽃', 「여성(女性)」, 1938.7)

인용문은 윤희숙이라는 가명의 다방걸이 쓴 글의 일부이다.
인용문을 통해서 다방걸을 대하는 손님의 태도가 카페걸을 대
하는 손님의 태도와 달랐다는 것을 알 수 있다. 카페라면 노골
적으로 욕정을 드러냈을 손님들이 다방에서는 그저 조심스럽
게 자신들의 욕망을 드러낼 뿐이다. 이는 다방걸의 이미지가
직접적으로 '에로'를 제공하는 카페걸의 이미지와 달랐음을
말해준다.

이에 반해 카페에서 여급은 없어서는 안 되는 존재였다. 여
급들은 자신들의 에로를 발산하여 남성들의 주머니를 열게 하
였고, 여급들의 에로 발산은 경쟁적으로 이루어졌다. 왜냐하
면 카페의 여급들은 손님들이 주는 팁에 의존하여 살아가야
했기 때문이다. 1928년 당시 카페걸의 팁은 매달 약 30~40원
정도였다고 한다. 그리고 이는 자신의 능력에 따라 그 액수가
얼마든지 달라질 수 있었으므로 카페걸들은 경쟁적으로 에로
의 수위를 높여갔던 것이다.

에로를 발산함으로 상매(商賣)하는 직업이라 짧은 시간에 가장 많은 손님을 대하게 하여 그 허하는 범위 내에서는 가장 강렬(强烈)한 에로의 자극(刺戟)을 주려는 것이니 이 역시 색(色)을 파는 한 작위(作爲)일 것이다.('환락의 대전당-카페', 「신동아」, 1932.6)

카페는 진한 연애는 아닐지라도 그와 비슷한 연애를 파는 시장이다.(웅초(熊超), '경성 앞뒷골 풍경', 「혜성」, 1931.11)

당시에도 카페걸들을 일러 '에로를 파는 여성'으로 인식하였고 남성들은 카페에서 진한 연애는 아닐지라도 그와 유사한 연애를 경험하려 하였다. 카페는 이른바 자유연애의 실험장이었다고 할 수 있다. 카페에서 자유연애가 가능하였던 것은 카페걸들 중에는 교육을 받은 여성들이나 배우 등의 직업을 통해서 어느 정도 사회를 경험한 여성들이 있었기 때문이다.

「매일신보」 1932년 2월 5일자 기사에 의하면, 당시 조선인 여급의 학력은 대개 보통학교 졸업생이고, 무학(無學)은 고작 3명에 불과하였다고 한다. '낙원회관', '킹홀', '목단' 등의 카페에는 숙명여자고등보통학교, 경성여자고등보통학교, 이화여자고등보통학교 졸업생도 있었다고 한다. 조선 내 일본인 여급의 경우는 거의 소학교 출신이고, 고등 여학교 출신은 5명 정도였다고 한다. 고등보통학교(고보)를 졸업하고 여급이 된 경우는 당시에 특수하게 받아들여졌으며, '인텔리 여급 애사-

여자 고보를 마치고 어째 여급 되었노?'(「삼천리」, 1932.9)나 '여고 출신인 기생 여우 여급좌담회'(「삼천리」, 1936.4)와 같은 자극적인 제목의 글이 신문이나 잡지에 수록되기도 하였다.

그런가 하면 여배우 출신의 카페걸로는 '경성카페'의 서화정, 조경희, 정갑순, 양소정, '왕관'의 윤메리, 윤정자, '킹홀'의 임애천, '목단'의 김정숙, 김보신, '낙원회관'의 김명순 등이 있었다. 이들은 배우로 활동하다가 카페걸로 전향한 경우에 해당하는데, 당시에 이러한 상황을 부정적으로 평가하여 카페를 '몰락 여배우들의 수용소'(「별건곤」, 1932.11)라고 부르기도 하였다. 이들은 자신들이 카페걸로 전향한 이유를 배우로는 생활하기가 곤란하여 대체로 비교적 수입이 많은 곳을 찾다보니 그렇게 되었다고 밝히고 있다.

통상적으로 카페걸은 매달 40원을 벌었다지만 경우에 따라서는 80원에서 100원 정도를 벌기도 하였다. 예를 들어 '낙원회관'의 여급인 정수근은 한 달에 잘하면 100원, 못 해도 70~80원 정도를 벌었다고 본인 스스로 말하기도 하였다.[14] 다른 직업여성의 보수를 살펴보면 1930년대 당시의 100원이 어느 정도 가치를 지닌 돈인지 짐작할 수 있을 것이다. 당시 서울 직업여성의 보수는 보통학교 여교사가 30~60원, 여기자가 25~60원, 여사무원이 30~50원, 여점원이 15~40원, 여교환수가 25~50원, 간호부가 33~70원, 여차장이 25~30원, 연초공장 여직공이 6~25원 정도였다.('서울 직업부인의 보수', 「삼천리」, 1931.12)

오늘날에도 여성의 직업으로 인기가 높은 교사의 경우, 1930년대에 많이 벌어야 한 달에 60원 정도를 벌었다. 그와 비교할 때 카페걸이 100원을 벌었으니, 여성들이 종종 카페걸을 직업으로 선택하였던 이유를 대강 짐작할 수 있다. 특히 배우 출신의 카페걸들은 자신들이 전직 배우였다는 점을 일종의 장점으로 내걸기도 하였다. 남성들은 전직 배우 출신에 학력까지 높은 카페걸과 술을 마시고 이야기를 나누면서 이른바 신식연애를 실험해 보기도 하였다. 카페에서 종종 벌어졌던 크고 작은 연애사건은 바로 그러한 사실을 증명한다고 할 수 있다.

다방과 카페가 다른 장소였던 것처럼 당시 다방과 카페에서 일하던 다방걸과 카페걸에 대한 사회의 인식 또한 달랐다. 다방걸과 카페걸의 차이는 당시의 문학작품이나 대중가요에서도 찾아볼 수 있다. 먼저, 박태원의 작품 속에서 다방걸과 카페걸을 어떻게 묘사하였는지 살펴보도록 한다.

원래가 '수경 선생' 집 하녀로 있던 '미사에'를, 어차피 다방에 젊은 여자가 한 명은 필요하였고, 기왕 쓰는 바에는 생판 모르는 사람보다는 역시 지내보아 착실하고 믿음직한 사람이 좋을 게라고, 그래 사실은 어느 모로 뜯어보든 다방의 여급으로는 적당치 않은 것을 (중략) 그야 '미사에'는 오직 소학을 마쳤을 그뿐으로, 결코 총명하지도, 어여쁘지도 않았으나 (후략) (박태원, 『방란장 주인』, 문학과 현실사, 1994,

131~134쪽)

어쩌 하필 고르디 골라 카페의 여급이 됐더란 말이냐? 술
냄새 담배 연기 속에서 밤마다 바로 제 세상이나 만난 듯이
웃고, 재깔이고, 소리를 하고……, 뭇 사내들과 함께 어우
러져 갖은 음란한 수작……, 어디 그뿐이더냐? 이 사내 무
릎에도 앉아 보고, 저놈과 입도 맞추어 보고……. 잠깐 생
각만 하여 볼 뿐으로 순이가 더러워서 구역이 날, 그 여급이
란 직업을 대체 어떠한 생각으로 영이는 택하였던 것인지,
암만을 궁리하여 본댔자, 알아낸다는 도리가 없었다. (박태원,
『성탄제』, 문학과 현실사, 1994, 83쪽)

1930년대 서울을 묘사할 때마다 빠지지 않고 등장하는 것
이 바로 박태원의 작품이다. 박태원은 그 누구보다도 당시 서
울에서 연출되는 여러 풍경들을 잘 포착하고 있었고 온 몸으
로 도시의 충격을 견뎌내었던 사람이라고 할 수 있다. 『소설
가 구보씨의 하루』에서 주인공 구보씨가 산책자로서 도시의
풍경들을 재현하였다면 구보씨를 낳은 박태원 또한 도시의 산
책자였다고 할 수 있다. 돌발적이고 기대하지 못했던 다양한
감각과 인상이 개인을 지배하는 곳이 도시였고, 박태원은 그
러한 도시의 체험과 경험을 산책자의 입장에서 풀어놓았던 것
이다. 그의 소설을 통해 당시 근대의 한 풍경을 엿볼 수 있는
것은 박태원 자신이 언급하였듯이, 그가 일상 풍속을 매우 정

확하게 묘사하는 고현학(考現學, modernology)에 열중하였기 때문일 것이다.(박태원, '옹노만어(擁老漫語)', 「조선일보」, 1938.1.26)

박태원의 소설에는 종종 다방과 카페가 등장하는데, 위의 인용문을 보면 다방걸과 카페걸에 대한 인식이 달랐음을 알 수 있다. 딱 한 문장으로 이루어져 있는 소설로 유명한 『방란장 주인』에는 '미사에'라는 여급이 등장한다. 그런데 '미사에'가 박태원의 다른 작품인 『성탄제』에 등장하는 카페 여급과는 다르다는 것을 알 수 있다. 소학교만 마친 미사에는 '별로 총명하지도 예쁘지도 않지만 착실하고 믿음직스러운 인물'로 묘사된 것이다. 그에 반해, 『성탄제』에서는 카페걸에 대한 부정적인 인식이 여과 없이 드러나고 있다. '술 냄새와 담배 연기 속에서 남자들과 수작을 부리는, 그야말로 구역질나게 하는 인간'이 바로 카페걸이었던 것이다.

이처럼 같은 여급이면서도 다방걸과 카페걸에 대한 인식은 달랐다고 할 수 있는데, 한 소설 작품에서 이러한 구별이 확연히 나타나는 작품이 바로 이효석의 『성찬(聖餐)』이라고 할 수 있다. 『성찬』에 등장하는 공간은 조금 특이하다. 위층은 술을 파는 '바(bar)'이고 아래층은 차를 파는 '끽다부(喫茶部)'로 구성되어 있다. 바에서 일하는 여급 보배와 끽다부에서 일하는 여급 민자는 그 외모만큼 성격 내지는 성향도 다르다. 민자가 '(프랑스 여배우) 시몬느 시몽 같은 둥글고 납작스름한 애송이 얼굴'을 하고 있다면 보배는 '기름하고 엽렵한' 얼굴의 소유자로 '하루에도 수십 차례 거울을 보고 화장을 고치는 것'이 일이었다.

외모에서부터 술집 여급과 찻집의 여급이 다르게 묘사되었다고 할 수 있는데, 이들의 성향에서 이러한 차이는 더욱 두드러진다. 민자는 찻집에 들르는 신문기자 준보와 좋아하는 사이이고, 그와의 결혼까지 생각하고 있다. 그러면서 결혼할 때까지 순결을 지키려는 순진한 여성인 것이다. 이에 반해, 보배는 그러한 민자와 준보의 사이에 끼어들어 준보를 유혹하고자 하는 여성이다. 결국 보배는 준보를 유혹하는 데 성공하여 준보와 하룻밤을 자게 된다. 준보에 대한 야욕 때문에 안절부절 못하던 보배는 결국 자신의 욕정을 채우고 나서, '잔치를 먹은 후의 만족과 흥분을 겪은 후의 안정'을 느꼈다고 말한다. 또한 보배는 준보와의 성관계를 '화학실에서 뜻대로의 실험을 마친 화학자의 평화로운 만족'에 비유하기도 하였다.

이처럼 술집 여급인 보배와 찻집 여급인 민자 사이에는 순수와 관능이라는 간극이 존재하였다고 볼 수 있다. 그리고 이러한 다방걸과 카페걸의 간극은 당시의 대중가요에서도 어렵지 않게 찾아볼 수 있다. 대중가요에 반영된 다방걸과 카페걸의 모습을 살펴보기에 앞서 대중가요의 특성에 대해 잠시 언급할 필요가 있다. 종종 대중가요는 그 사회를 있는 그대로 반영하는 거울에 비유되곤 한다. 그러나 정말 그러한가? 대중가요가 사회를 실상 그대로 보여준다는 말은 다시 한 번 생각해 볼 필요가 있다. 거울이 항상 사물을 있는 그대로 반영하는 것은 아니기 때문이다.

이효석의 소설 『성찬』에서 거울을 '괴이하고 야릇한 것'이라고 한 것처럼, 거울은 많은 오류 내지는 실수, 착각 또는 환상을 불러일으키기도 한다. 그 때문에 거울에 비친 자신의 모습으로 상대방을 판단할 때 발생하는 오류를 지적하는 '거울 이미지(mirror image)'라는 용어도 쓰이게 된 것이다. 대중가요도 마찬가지이다. 대중가요는 당대의 삶을 반영하나, 있는 그대로의 삶만을 보여주는 것은 아니다. 때로는 굴절되고 변형된 형태의 다양한 삶의 편린들이 대중가요에 반영된다. 그런데 이러한 대중가요를 중요하게 취급해야 하는 이유는 그러한 굴절과 변형 등이 바로 당대인의 꿈 내지는 욕망과 연결되기 때문이다. 따라서 우리가 대중가요를 통해 살펴볼 것은 바로 대중가요에 반영된 당대인의 꿈과 욕망이라고 할 수 있다.

그 찻집 아가씨는 곰보딱지 그래도 마음만은 비단같애
나만 보면 싱긋생긋 어쩔 줄을 모른답니다요
아이구 좋다 아이구 좋아

그 찻집 아가씨는 장아치 코 그래도 입술만은 앵두같애
나만 보면 햇죽햇죽 어쩔 줄을 모른답니다요
아이구 좋다 아이구 좋아

그 찻집 아가씨는 뚝백이 턱 그래도 목소리는 간드러져
나만 보면 들락날락 어쩔 줄을 모른답니다요

아이구 좋다 아이구 좋아

그 찻집 아가씨는 난간이마 그래도 두 뺨만은 홍시같애
나만 보면 벙글벙글 어쩔 줄을 모른답니다요
아이구 좋다 아이구 좋아

(<찻집 아가씨> 박영호 작사, 이용준 작곡, 박향림 노래, 콜럼비
아 40816A, 1938.6. 발매)

헬로 헬로 앞에 가는 모던 아주 그럴듯해 오 예스
기생 댄서 학생같진 않고 귀부인도 아니 그럼 이게 뭘까
옳지 알았다 바로 그걸세 요즈음 서울 명물 카페의 걸
밤에 피는 네온의 불꽃 박쥐 사촌 누나 라-

헬로 헬로 험구쟁이 할로 아주 제가 젠 척 오 예스
영화배우 강그(갱) 같진 않고 장사치도 아니 그럼 이게
뭘까
옳지 알았다 바로 그걸세 요즈음 서울 명물 주먹 장사 혹
크압파
사내다운 펀치 내 마음도 그로키 라-

(<서울명물>, 범오 작사, 오산정길 편곡, 강홍식 노래, 콜럼비아
40622B, 1935.6. 발매)

<찻집 아가씨>와 <서울명물>은 각각 다방걸과 카페걸을
묘사한 노래라고 할 수 있다. 그런데 그 가사를 보면 다방걸과

카페걸의 이미지에 편차가 존재한다는 것을 알 수 있다. <찻집 아가씨>에서의 찻집 아가씨는 에로미를 물씬 풍기는 카페걸과는 다른 존재인 것이다. 사실상 <찻집 아가씨>에서 묘사한 다방걸은 미인은 고사하고 보통 사람에게도 훨씬 못 미치는 외모의 소유자이다. 곰보인데다가 장아치 코와 뚝배기 턱, 난간이마를 지니고 있는, 그야말로 추녀에 가까운 용모의 소유자인 것이다.

그러나 이러한 외모에도 불구하고 찻집 아가씨는 매력적이다. '앵두 같은 입술'과 '홍시 같은 두 뺨'과 '간드러진 목소리'를 지니고 있기 때문이다. 하지만 찻집 아가씨의 진짜 매력은 바로 찻집 아가씨의 마음씨가 비단결 같다는 데에 있다. 노래 속의 화자가 찻집 아가씨를 좋아하는 이유도 바로 여기에 있다. 찻집 아가씨는 비단결 같은 마음씨로 화자인 자신을 보면 항상 생글생글 웃으면서 호감을 표현하기 때문이다. 그리고 이러한 찻집 아가씨의 순진하고도 한결 같은 모습에 대한 화자의 반응은 "아이구 좋다. 아이구 좋아."이다.

그에 반해서, <서울명물>에서는 <찻집 아가씨>와는 사뭇 다른 분위기를 감지할 수 있다. 1절과 2절에서 각각 카페걸과 폭력배를 풍자하고 있는 <서울명물>에서 화자가 카페걸과 폭력배를 바라보는 시선은 결코 곱지 않다. "헬로 헬로 앞에 가는 모던/아주 그럴 듯해 오 예스."라고 하면서 흥겹게 대상을 띄워주던 화자는 이내 "기생도 아니고, 학생도 아니고, 귀부인도 아닌데 누구일까."라는 질문으로 주의를 환기시킨

후에 "서울 명물 카페의 걸"이라고 조롱하는 것이다.

특히 '서울 명물'이라는 표현은 모던걸로서의 카페걸의 허상을 폭로한 것이라고 볼 수 있다. 여기서의 '명물'은 좋은 의미의 명물이 아니라 부정적 의미에서의 '명물'이기 때문이다. 거리의 카페걸은 벤야민이 말한 댄디(dandy)와 통한다. 벤야민은 '산책자를 현란하고 눈부시게 가장 잘 체현한 댄디가 사회적으로 허용되는 눈부시고 멋진 최신의 옷을 입고 위험하게 걸으며, 때로 부르주아의 상품 취향과 온건함의 한계를 넘어서 자기 스타일을 유지하는, 걸어 다니는 공작새'라고 비유한 바 있다.[15]

그러나 벤야민이 댄디로서의 산책자를 '유행의 반복동일성에 은밀한 공모자이며, 허구에 불과한 것'으로 평가한 것처럼 당시 유행의 첨단을 걸었던 '카페걸' 또한 노래의 화자에게는 허구이자 허상에 불과하였다. 그 때문에 시종일관 카페걸을 조롱하고 있는 것이다. 카페걸에 대한 화자의 이러한 조롱이 절정을 이루는 부분은 "밤에 피는 네온의 불꽃, 박쥐 사촌 누나."라고 한 대목에서이다. '모던'으로 잘 차려입고 거리를 활보하지만 화자에게 있어 카페걸은 그저 박쥐의 사촌누나 정도로 인식될 뿐이다.

이처럼 당대 대중가요에서 다방걸과 카페걸을 바라보는 시선은 상반된다고 할 수 있다. 문학작품이나 대중가요에 드러나듯이, 다방걸이 상대적으로 순수하고 순진한 요소가 강한 여성들로 그려졌다면 카페걸은 에로미를 마구 발산하는 욕망에 달뜬 부정적인 인물로 묘사되고 있는 것이다.

'모든 인간은 가슴 속에 잠자는 돼지를 품고 있다.'고 하였던가? 인간은 누구나 비슷하다. 우리가 인간으로 존재하는 한, 추악하고 선하고 더럽고 깨끗한 요소를 지닌 채 살아간다. 다만 경우에 따라서, 혹은 사람에 따라서 어느 것이 더 드러나고 덜 드러나고의 차이만을 지닐 뿐이다. 그래서 우리는 인간에게 잠재해 있는 추악한 욕망을 잘 다스리고 잠재운 채 살아간 사람들을 존경하기도 하고, 성인(聖人)이라고 부르기도 한다. 그중에는 운 좋게도 그러한 욕망이 아주 미세해서 보이지도 않을 만큼만 가지고 있는 사람들도 있겠지만 말이다.

1930년대 남성들은 대놓고 자신들의 욕망을 표현할 수 있는 환경 속에 있었다고 할 수 있다. 하긴, 그 이전 시기에도 남성들은 그렇게 쭉 자신들의 욕망을 여성에 비해 상대적으로 잘 표출하면서 살아 왔지만 말이다. 왜냐하면 남성들은 기득권자였기 때문이다. 여성들의 다양한 욕구와 욕망이 억제되고 거세되었던 반면에, 남성들이 손쉽게 자신들의 욕망을 채울 수 있었던 것은 바로 남성들이 여성보다 사회적으로 우위에 있었기 때문이라고 할 수 있다. 특히, 중산층 이상의 남성들은 자신들의 권력과 지위, 돈을 이용해서 자신들의 욕망을 쉽게 해소할 수 있었다.

물론, 남성들이 기득권자이었다는, 혹은 여전히 기득권자라는 사실이 그들의 모든 행위(추악하고 흉악스러운 행위를 포함하여)의 면죄부가 될 수는 없다. 당연하게도 지위 등이 올라갈수록

그에 대한 책임 또한 많아지는 것이니까. 그러면 이렇게 남성들이 기득권자의 위치에서 자신들의 욕구와 욕망을 드러내고 그것들을 채워 가는 동안, 여성들은 무엇을 하고 있었을까? 다방걸보다 상대적으로 많은 사회적인 관심과 천대를 동시에 받으며 살아갔던 카페걸의 모습을 좀 더 자세하게 살펴보자.

카페걸, 천사이자 악녀인 야누스

그들은 왜 하고많은 직업 중에서 카페걸을 택하였을까? 이러한 질문은 오늘날 유흥업계에 종사하는 여성들에게도 던져지곤 한다. 사실, 그들이 당시에 카페걸을 선택한 이유는 간단하다. 앞서 언급하였듯이, 비교적 수입이 많기 때문이다. 이러한 카페걸에 대한 사회의, 혹은 남성들의 시선은 이중적이었다. 겉으로는 카페걸을 천시하고 멸시하면서도 그들의 생활을 까발리면서 엿보는 관음증적인 시선을 드러냈던 것이다. 여급이나 기생들의 좌담회나 여급들의 프로필을 적나라하게 기재한 '카페여급 언파레드'와 같은 당시 기록들을 통해서 이러한 사실을 확인할 수 있다.

'총 출연' 정도의 의미를 지닌 '언파레드(on parade)'에는 당시 여급들의 소속, 나이, 본명, 고향, 특성 등이 매우 상세하게 적혀 있다. 문제는 이러한 글을 통해 카페 여급의 사생활이 적나라하게 노출된다는 점이다. 게다가 「별건곤」 1932년 11월호에 수록된 '카페여급 언파레드'의 경우, 영화배우 출신인 김보신을 '술 잘 먹는 보신이', '욕 잘하는 보신이'로 지칭하는가 하면, 또 다른 영화배우 출신의 카페걸이었던 김명순을 '말괄량이 김명순, 성미 까다로운 김명순, 바람둥이 김명순'이라고 하면서 은연중에 그들을 비하하고 있는 것이다. 이처럼 사생활을 들춰내서 그들을 비하하는 한편, 카페로 그들을 찾아가는 이중적인 행태를 보여주는 것이 당대 주류 남성들의 모습이기도 하였다.

이러한 당대의 모순적인 시선에 맞서서 카페걸들은 여러 가지 방법으로 항변하기도 하지만, 그들의 항변은 공허한 메아리가 되어 허공에서 사라지곤 하였다. 카페걸들의 자살은 자신들의 진실을 드러내기 위한 한 방편으로 선택한 극한 처방이었다. 카페걸들의 연애는 카페걸들의 웃음과 울음의 근원, 혹은 죽음에까지 이르게 하는 무서운 '병'이었다고도 할 수 있다. 종종 카페걸들은 연애에 실패하여, 혹은 이루어질 수 없는 사랑에 괴로워하다가 자살을 택하기도 하였다. 그 때문에 1930년대 당시에 신문에서는 유행병처럼 번진 카페걸들의 자살 기도를 일러 '자살에도 경쟁'이라는 제목으로 비아냥거리기도 하였다. 카페 '신천지'의 여급이었던 에레나(본명 김정숙)가 자살을 기도하고(「동아일보」, 1933.11.14), 카페 여급 군자(君子)

가 자살하고(「동아일보」, 1934.4.6), 카페 여급 박소순이 다량의 초산을 먹고 자살하려 했던 것(「동아일보」, 1935.6.9)도 모두 실연 내지는 이루어질 수 없는 사랑 때문이었다.

카페걸들이 자살을 선택한 이유는 무엇이었을까? 비록 육체적으로는 더럽다고 천시를 받는 그들이었지만, 아니 그럴수록 더욱 그들은 정신적인 순결을 지키고자 하였다고 볼 수 있다. 그들은 자살을 통해 자신들의 순결과 진실을 증명해 보이고자 했는지도 모른다. 카페 여급 봉자의 죽음이 그 대표적인 예가 될 것이다. '엔젤' 카페의 여급으로 있던 김봉자(본명은 김갑순)는 의학사이자 유부남이었던 노병운과의 이루어질 수 없는 사랑에 괴로워하다가 1933년 9월 28일, 한강에 몸을 던져 자살하였다.16) 김봉자의 자살 직후, 그녀가 공산당 활동에 연루되었다는 기사가 「동아일보」에 실리기도 하였으나, 김봉자의 연인이었던 노병운이 김봉자를 따라 한강에 투신하여 자살을 하면서 김봉자와 노병운의 자살은 '정사(情死)사건'으로 규정되었다.

김봉자의 자살 사건이 여타 다른 카페걸의 자살 사건과 다른 점은 바로 연인이었던 노병운이 김봉자를 따라서 죽었다는 점에 있다. 그 때문에 그들의 죽음이 사회적인 반향을 불러일으키면서 한동안 많은 사람들의 입에 오르내리곤 하였다. 그리고 급기야 그들의 정사사건은 여러 대중적 문예물로 변용되기도 하였다. 대중가요로 만들어지고 '영화설명'이나 '정사애화'라는 갈래명을 달고 음반으로 발매되기도 하였다. 여기서

주목할 것은, 김봉자와 노병운의 정사사건을 대중적 문예물로 만들 때 특히 강조한 것이 무엇인가 하는 점이다. 김봉자와 노병운의 정사사건을 다룬 대중적 문예물들은 모두 '순애보 부각'에 초점을 맞추었다.

그 여자의 과거를 들여다보자면? 환락의 마경이요, 죄악의 원천인 종로의 거리, 찬란히 장치한 네온사인 아래 환락경이었던 엔젤 카페에서 여왕이라는 별명을 듣고, 어지러운 그 마음은 세상 사람들의 귀여움을 독차지하였던 여급 봉자이었으니.(영화설명 <봉자의 죽음>, 유일 작, 이우홍 변사, 도무(都武) 노래, 전기방(피아노)·전기현(바이올린) 반주, 리갈 C192A, 1934.7)

병운씨! 한때는 나를 의심한 적이 있었지요. 그러나 이제는 이 봉자의 가슴 속을 알아주시겠습니까? 더럽다 욕하던 여급인 봉자도 끓는 피와 외줄기 사랑은 있었답니다. (중략) 사랑은 하나랍니다. 하나밖에 없는 당신의 그 사랑을 독차지하기에는 나는 너무나 불행한 계집이었습니다. 그러나 이제는 모든 해결을 지으렵니다. 그리고 모든 행복은 이 봉자의 독차지가 되었습니다. 오! 병운씨! 당신의 피와 내 피를 섞어서 다시 혈관에 넣었지요? 그 붉은 피는 영원히 이 봉자의 심장 속에 잠자고 있을 것입니다. 명예와 인격을 나 때문에 저버린 당신의 그 사랑을 속가슴에 깊이 안고 갑니다. 영원의 길을 나 홀로 쓸쓸이……(정사애화 <저승에 맺는 사

랑>, 남궁춘 작, 석금성, 콜럼비아 40498A, 1934.3)

　당시 인기 변사였던 이우흥의 목소리로 이루어진 <봉자의
죽음>은 '영화해설'이라는 갈래명을 달고, 배우 석금성의 독
백으로 이루어진 <저승에 맺는 사랑>은 '정사애화'라는 갈
래명을 달고 각각 음반에 수록되었다. <봉자의 죽음>은 당
시 카페에 대한 당대, 혹은 남성들의 시각을 알려준다. 카페
는 '찬란한 네온사인으로 장식한 환락경'이었던 것이다. 이는
카페에 대한 당시의 일반적인 시각이었다고 볼 수 있다. 그에
반해, <저승에 맺는 사랑>에서는 일인칭 화자가 나서서 자
신의 심정을 애절한 목소리로 읊조리고 있어 카페 여급 봉자
의 목소리를 듣는 것과 같은 효과를 자아내고 있다는 점이 특
징적이다.

　봉자는 이렇게 말하고 있다. '더럽다고 욕하는 여급이지만
자신에게도 외줄기 사랑은 있다.'고. 또한 '사랑은 하나인데,
그 하나뿐인 사랑을 독차지할 수 없기 때문에 자신은 죽음으
로써 병운의 사랑을 독차지하겠다.'고. 보통 낭만적인 사랑의
절정은 '정사(情死)'라고 일컬어진다. 영원한 사랑은, 미치게
사랑하고 있는 두 사람 중에 한 명이 죽든지, 아니면 두 사람
모두 죽을 때나 가능하다고도 말해진다. 그런데, 어떻게 1930
년대에 이러한 인식이 가능하였던 것일까?

　근대는 이른바 근대적인 주체를 형성하고 개인과 내면의
발견을 가능하게 하였다. 그러한 특성을 문학 쪽에서는 고백

65

체의 문장이나 언문일치(言文一致) 등에서 찾기도 한다. 그러면 개인과 내면을 발견한다는 것은 어떤 의미일까? 근대적인 개인이란 넓디넓은 바다에 홀로 고독하고 불안하게 떠 있는 돛단배와 같은 존재였을지도 모른다. 끝없이 새롭게 변하는 인공적이고도 기계적인 도시의 한복판에서 어디로 갈지 몰라 방황하는 방랑자에서 근대인의 모습을 찾을 수도 있다. 그러므로 정체성을 상실한 채 고독하고 불안하게 표류하는, 이른바 근대인에게 '연애'는 그러한 고독감을 치유할 수 있는 기제가 되기도 하였다.

1920년대부터 일본을 경유하여 우리나라에 들어온 새로운 연애관이나 사랑관은 당대인에게 큰 영향을 끼쳤던 것으로 보인다. 그러한 배경에서 '사랑은 하나다.'와 같은 '사랑지상주의'도 출현할 수 있었던 것이다. 개인의 발견, 연애, 사랑 등에 대한 담론이 형성되면서 '정사(情死)'를 긍정하는 다음과 같은 글도 나올 수 있었다.

연애를 부정하는 나도 정사만은 긍정하려 한다고 고백한다. 생각건대, 연애란 시간의 경과 속에서 언제 끝난다는 기약도 없이 시시각각의 불안과 번민을 감수해나가야 하는 것이다. 반면 정사란, 순간의 충일(情)을 영원의 형식(死)으로 포지하는 것이라고 할 수 있다.(염상섭, 「저수하에서」, 『폐허』 2호, 1921.1, 65~66쪽; 이혜령, 『한국소설과 골상학적 타자들』, 소명출판, 2007, 90쪽에서 재인용)

정사(情死)를 긍정한 염상섭의 글을 통해서 1920년대에 이미 죽음을 통해, 아니 죽어서라도 사랑을 영원한 것으로 만들고자 하였던 당대의 시각을 엿볼 수 있다. 이러한 사회적 분위기 속에서 죽음을 통해 자신의 사랑을 완성하고자 하는 사람들이 생겼고, 실연이나 이루어질 수 없는 사랑 때문에 죽음을 택하는 일이 유행처럼 번지기도 하였던 것이다. 이러한 근대적인 의미의 사랑, 혹은 낭만적 사랑의 중심에는 카페걸이 놓여 있기도 하였다. 돈을 벌기 위해 선택한 카페 여급이라는 위치에서 카페걸들은 종종 단순한 연애가 아닌 숨이 막혀서 죽을 것만 같은 사랑에 빠져들었다. 그러나 그들의 사랑은 아직까지 사회적으로 허용되지 않았다. 새로운 연애관이나 애정관이 전통적인 가치관과 충돌하면서, 사랑에 빠진 카페걸은 극도의 고통과 괴로움 속에 빠져들었던 것이다. 결국, 그들은 자살이라는 가장 극단적인 방법으로 자신들의 사랑을 지킴과 동시에 순결한 사랑을 증명하려 한 것이다.

앞서 인용한, <저승에 맺는 사랑>에서도 이러한 모습을 확인할 수 있다. 극단적인 감상주의를 드러내고 있는 <저승에 맺는 사랑>과 같은 종류의 대중적 문예물이 양산되고 대중들이 이러한 대중적 문예물에 열광하였던 이유를 '사랑지상주의'가 통용될 정도로 감상주의가 만연하였던 사회적인 분위기에서 찾을 수 있다. 다른 한편으로는 이러한 극단적 감상주의를 띤 대중적 문예물이 감상주의적 사회 분위기를 조장하는 데 일조하기도 하였다. 어쩌면 단순한 불륜의 주인공이었을지도 모를 봉자를, 죽음으로써 사랑을 지켜낸 '천사' 내지는 '진정한 사랑의 화신'으로 치켜세우면서 감상주의적 분위기를 조장했을지도 모른다는 생각이 드는 것이다. 그러므로 당시의 카페걸은 천사이자 악녀인 야누스(janus)의 얼굴을 지닌 것으로 인식되었다고 할 수 있다. 그러나 그마저도 죽어서는 천사이지만 살아서는 악녀 내지는 요녀의 모습에 가까웠고, 거기에 카페걸의 비극이 있는 것이다.

죽음으로써 사랑을 지켜낸 카페걸을 '천사' 내지는 '진정한 사랑의 화신'으로 찬양하고 있음에 반해서, 당시 카페에서 일하던 카페걸에 대한 인식은 앞서 살펴보았듯이 좋지 않았다. 비록, 카페걸을 비하하는 남성들 중에는 카페에서 여급의 시중을 받으며 '자유연애' 내지는 '신식연애'를 경험하였던 사람들도 있었겠으나, 그들 또한 일상으로 돌아오면 카페걸을 천시하고 비난하기도 하였다. 카페걸에 대한 이러한 이중적인 시선은 당대 주류 남성들의 일반적인 시선이었다고 할 수 있다. 그러면 이러한 이중적인 시선 속에서 카페걸은 어떤 생각을 하였으며 무엇을 말하고 싶었을까? 이제부터 그들의 목소리를 직접 들어 보기로 한다.

카페걸, 그들의 진실과 항변

　　김봉자와 노병운의 정사사건을 다룬 당시의 신문들을 보면, 여러 각도에서 사건에 접근하고 있음을 알 수 있다. 그 한 예로 김봉자의 자살을 공산당 활동이라는 정치적인 문제와 연관시켜서 해석한 「동아일보」의 기사를 들 수 있다. 그러나 이러한 정사사건이 대중적 문예물로 변용될 때는 오직 한 가지만이 강조되었다. '죽음마저 마다않는 진실한 사랑'이 그것이다. 그야말로 '사랑지상주의'의 극단적인 모습을 보여준 것이다. 그렇다면 이에 대해 당시의 카페걸들은 어떻게 생각하고 반응했는지 궁금하지 않을 수 없다.

　　정사애화 <저승에 맺는 사랑>의 경우는 화자의 독백으로 전개되어서 화자가 바로 봉자 자신이었다고 할 수 있다. 따라서 이 작품을 통해 봉자의 목소리를 직접 들을 수 있다. 이루어질 수 없는 사랑 때문에 죽음을 선택한 봉자의 목소리가 <저승에 맺는 사랑>에 나온 화자의 목소리와 크게 다를 것이라고 생각하지는 않는다. 하지만 기본적으로 <저승에 맺는 사랑>을 지은 사람은 남궁춘(이서구)이라는 남성이다. 따라서 김봉자의 마음을 아무리 잘 이해한다 할지라도 남성 창작자의 시선이나 의도가 완전히 제거될 수는 없다. 김봉자의 자살 사건이 대중적 문예물로 변용될 때, 의식적이든 무의식적이든 남성의 시각이 반영되었을 것이다. 따라서 남성의 시선이 아닌 카페걸 자신의 목소리에 귀를 기울여볼 필요가 있다.

1934년에 창간된 여급들의 잡지인 「여성(女聲)」(1936년에 발간된 「여성(女性)」과 다르다)에는 카페걸의 목소리가 생생히 묻어 있다. 1927년에 창간된 「장한(長恨)」이 기생들의 잡지였다면, 「여성」은 여급들의 단결을 도모하고 집단적 목소리를 내기 위한 한 방편으로 만든 잡지이다. 「여성」에는 편집인 겸 발행인인 오영철(吳影哲)의 창간사를 제외하고 총 14편의 글과 시 3편, 소설 1편이 실려 있다. 특히 9명의 여급들이 쓴 글들이 수록되어 있어서 그들의 얘기를 직접 들어볼 수 있다.

여성들이 카페걸이라는 직업을 택하게 된 사연은 저마다 구구절절하다. 카페 '왕관'의 여급이었던 순자(順子)가 「여성」에 쓴 '갱생(更生)의 길(道)'이라는 글을 살펴보면 다음과 같다. 순자는 유부남에게 속아서 결혼을 하고 아기까지 낳았으나 그에게 본처와 자식들이 있는 것이 밝혀지자 그 가정의 행복을 지켜 주고자 그를 떠난다. 그러나 그 남자와의 사이에서 난 아이마저 병들어 죽고 슬픔과 괴로움에 몇 번씩 자살을 생각하기도 하였으나, 무슨 일이든지 해서 성공을 하자는 생각으로 카페에 나오게 되었다는 것이다. 이처럼 소설에서나 볼 수 있을 것 같은 비극적인 일을 겪으면서 여성들은 살기 위해 카페걸을 선택하기도 하였다. 부모를 위해서, 자식을 위해서, 또는 오빠나 남편을 위해서 카페걸은 희생양을 자처하였던 것이다.

그러나 카페걸에게 쏟아지는 시선은 결코 곱지 않았다. 그렇게 수모와 멸시를 당하던 그들이 말하고 싶었던 것은 한 가지이다. 자신들도 '사람'이고 카페걸도 '직업여성' 중의 하나일 뿐이라는 것이다. 그들이 여급 잡지 「여성」을 통해 일관되게 주장하는 것도 바로 그것이다. 카페걸을 여타의 직업여성과 동등하게 봐 달라는 것이었다. 이에 더 나아가 자신들을 '도덕적 타락자'나 '매춘부'로 취급하는 남성들에게 자신들은 그러한 사람이 아니라며 항변하기도 한다.

나는 현직(現職: 카페걸)을 어디까지든지 신성(神聖)하다고 자인(自認)한다. 그뿐 아니라 무엇보다도 자유(自由)스럽고 또한 우리를 무리(無理)로 희롱(戲弄)하는 남성(男性)들을 도리어 완물(玩物)과 같이 놀리기에 제일 생기(生氣)가 있는 직업(職業)으로 생각한다.

여기에도 역시(亦是) 남성(男性)들의 무리(無理)를 여지없이 볼 수 있었다. 즉 카페의 여급(女給)은 남자(男子)의 성욕

71

(性慾)을 채워주는 동물(動物)과 같이 생각하여 천인(賤人)과 같이 멸시(蔑視)하며 악매(惡罵)하는 사람도 있다. 태연(泰然)한 태도(態度)로 정조(貞操)를 요구(要求)하는 몰상식한(沒常識漢)도 있다.

그네들은 아마도 우리를 색가(色街)의 매춘부(賣春婦)와 동일시(同一視)하는 모양(模樣)이다. 나는 직업(職業)으로서의 여급(女給)이라기보다도 무지(無智)하고 상식(常識)이 결핍(缺乏)한 그네들 뭇 남성(男性)들에게 상식(常識)의 캄풀 주사(注射)를 주며 계몽(啓蒙)의 채찍질을 하는 것을 천부(天賦)의 한 책임(責任)으로 느끼고 자임(自任)하고 있는 바이다.(백장미, '조선의 여성들아! 주저 말고 직업전선으로', 「여성」, 경성여성사, 1934)

이러한 직업(職業)을 가지고는 있다 해도 그래도 아직 마음만은 순진(純眞)함을 저버리지 않은 깨끗한 그것이랍니다. (김명숙, '내가 걷고 있는 길은 가시덤불길', 「여성」, 경성여성사, 1934)

화려찬란(華麗燦爛)한 네온라이트에 비치여 춤을 추는 우리들 여급도 일개의 직업부인인 것이 틀림없다. (중략) 우리들 여급(女給)을 경멸(輕蔑)하고 모욕(侮辱)하고 천업시(賤業視) 하기 전에 좀 더 실사회(實社會)를 알아주었으면 한다. 여급이라고 하는 우리들의 직업-그것은 무산자(無産者) 계급(階級)의 여자(女子)들에게 남겨준 유일(唯一)한 생존(生存) 투

쟁(鬪爭)의 길인 까닭이다.(초미(初美), '세상에 호소한다', 「여성」,
경성 여성사, 1934)

위에 인용한 글들은 모두 여급 잡지인 「여성」에 수록된 카
페걸들의 것이다. 첫 번째 인용문은 'R 회관'에서 일하는 '백
장미'라는 여성이 쓴 글이다. 그녀는 학교 졸업 후에 모 회사
에서 근무를 했는데 입사한 지 불과 3개월 만에 높은 자리에
올라갔다고 한다. 그러나 바로 그날 과장이 그녀를 불러서 결
혼을 해달라고 하였고, 이를 거절하자 이 일이 계기가 되어 퇴
사를 하였다는 것이다. 그 후 여러 직업을 전전하다가 카페 여
급이 되었다고 한다. 그녀는 색주가의 매춘부와 자신들을 동
일시하는 남성들을 몰상식하다고 비판하고 그들에게 상식의
'캄풀 주사'를 놓고 계몽의 채찍질을 하는 것이 자신의 책임
이라고 강변하고 있다.

김명숙과 '초미'라는 예명을 가진 여급 또한 자신들이 비록
카페에서 일하기는 하지만 마음만은 아직 순진하고 깨끗하며,
카페걸도 직업여성이라고 애써 강조한다. 특히 초미는 자신들
이 카페에서 일하게 된 것을 사회적인 문제와 결부시켜 설명
하고 있다. 무산자 계급인 여자들에게 남겨진 유일한 생존투
쟁의 길로 선택한 것이 카페걸이라고 항변하는 것이다. 자신
들을 천하다고 멸시하기 이전에 사회 상황을 먼저 직시하라고
목소리 높여 외치고 있는 데서 당시 카페걸들의 처지를 조금
이나마 이해할 수 있다. 이에 더해 '백장미'는 매우 강한 어조

로 다음과 같이 말한다.

> 깨어라! 여성(女性)들이여! 그리하여 용감(勇敢)스럽게 직업(職業) 전선(戰線)으로 나아가기를 주저(躊躇)하지 말자. 싸우자. 뭇 직업여성(職業女性)들이여. 남성(男性)의 힘 센 그것과 신산(辛酸)한 사회(社會)의 모든 난맥(亂脈)과 몸을 희생(犧牲)하여 힘껏 싸우자.
>
> 이것이 우리의 앞길을 유리(有利)하게 인도(引導)하는 방책(方策)인 동시(同時)에 허영(虛榮)과 공상(空想)으로 번민(煩悶)하는 뭇 여성(女性)들에 대(對)한 행복(幸福)스러운 양식(糧食)이며 나침반(羅針盤)일 것이다.(백장미, '조선의 여성들아! 주저 말고 직업전선으로', 「여성」, 경성여성사, 1934)

백장미의 글 앞에는 눈을 부릅뜬 채 두 주먹을 불끈 쥐고 있는 여성의 그림이 함께 수록되어 있다. 백장미는 글에서 처음부터 끝까지 강한 어조로 여급도 직업여성이라는 것을 강조하고 있다. 또한 여성들에게 직업 전선으로 나아가 남성들과 싸우자며 여성들을 선동하고 있다. 이처럼 여급 잡지 「여성」을 통해 살펴본 카페걸들은 한결같이 자신들이 직업여성임을 강조하고 있다.

이러한 카페걸의 직접적인 목소리에도 불구하고 모든 카페걸을 일반화시켜서 말하는 데에는 분명히 한계가 있을 것이다. 어디 카페걸만 그러한가? 일반화는 언제나 오류의 위험성을 수반하기 마련이다. 카페걸도 다양한 모습으로 존재하였다. 카페걸은 원칙적으로 몸을 파는 매춘부와는 달랐다. 카페걸의 '매춘(賣春)'은 위법이었으며, 이는 단속의 대상이기도 하였다. 그럼에도 불구하고 종종 카페걸을 '매춘부'와 동일시하고 그러한 차원에서 카페걸을 폄하하고 멸시한 것은 카페걸이 하는 일이 워낙 '에로'를 파는 행위였기 때문이다. 게다가 실제로 카페 밖에서 종종 카페걸과 손님 사이에 연애 사건들이 벌어졌던 것으로 보인다.

카페와 카페걸에 대해 다소 부정적으로 서술한 '카페-야화, 한숨 지는 공작들'(오수산, 「별건곤」, 1932.9)에는 카페 여급이 구비해야 하는 조건으로 다음의 것들을 밝히고 있다.

> 찾아오는 손님에게 술을 부어야 한다. 먹이고 나도 먹어야 한다. 조그마한 손님의 말 한마디에 좋고 재미있다고 명랑하게 웃어야 한다. 목청이야 되었건 말건 레코드에서 얻어 들은 유행가를 불러야 한다. 비록 손님이 마음에 안 든다 할지라도 에로의 마지막 꼴 바로 한 치 앞까지는 갔다가 되돌아와야 한다. 그리고 또 한 가지 주인 편을 위하여 시간에 반비례해서 술을 많이 팔도록 해야 한다.(오수산, '카페-야화, 한숨 지는 공작들', 「별건곤」, 1932.9)

카페 여급은 남성들과 더불어 술을 마시면서 그들의 얘기를 들어주고 슬퍼도 웃어야 하고 싫어도 좋은 척을 해야 하는 직업이었다. 카페걸은 '에로'를 파는 직업여성이었고 이러한 카페걸에게 푹 빠져서 그들에게 연정을 품은 남성 또한 존재하였다. 앞서 살펴보았듯이 카페를 둘러싸고 벌어졌던 갖가지 폭행과 자살 사건 중에도 카페걸과의 연애 내지는 사랑이 원인이 되었던 경우가 허다하였다. 또한 어떤 남성들은 카페걸에게서 정신적인 위로와 안식을 얻기도 하였다. 1932년 1월 12일 「조선일보」 신춘문예 콩트 부분 당선작인 「카페 B에서」라는 글에도 주인공 남성이 현실의 고통을 떠나서 유일하게 위로를 받고자 찾아가는 곳이 카페로 그려지고 있는 것이다.

이처럼 카페걸은 매우 다양한 모습으로 존재하였다. 카페걸은 매춘부와 동일시되면서 멸시와 천대의 대상이 되는가 하면, 가족들을 위해 희생양을 자처한 천사가 되기도 하였고, 이룰 수 없는 사랑 때문에 죽음을 선택한 진정한 사랑의 화신으로 찬양되기도 하였다. 그러나 카페걸이 「여성」이라는 잡지를 통해서 진정으로 말하고 싶었던 것은 자신들도 나름대로의 신념을 가지고 살아가는 직업여성이라는 점일 것이다. 이처럼 카페걸들이 직업여성임을 강조한 데에는 직업여성으로서의 카페걸의 입지가 불안정했던 상황과도 연결된다.

카페걸의 보수는 카페에 드나드는 남성들의 팁에 의존하였기 때문에 매달 월급을 받는 여타의 직업여성에 비해 경제적으로 불안정하였다. 게다가 직업여성들 중에는 카페걸을 자신들과 동등한 직업여성으로 받아들이는 것에 반감을 지닌 사람도 있었다. 1930년대 당시 교사로 있던 임효정이라는 여성이 자신을 '카페와 기생 박멸론자'라고 자처하면서 가정의 행복을 깨는 여급을 비판한 것('직업부인 간담회', 「신여성」, 1933.4., 42~45쪽)을 대표적 예로 들 수 있다. 이처럼 카페걸은 당시의 남성들뿐만 아니라 다른 여성들에게까지 부정적인 시선을 받기도 하였다. 이러한 상황에서 카페걸들의 단결은 더욱 요구되었고 여급 잡지인 「여성」도 나오게 되었던 것이다.

「여성」의 편집국은 잡지 「여성」뿐만 아니라 일주일에 한 번씩 발행하는 「여급주보(女給週報)」도 기획했던 것으로 보인다. 이는 「여성」에 "여급(女給) 제군(諸君)의 상호부조(相互扶助)와 친목(親睦)을 도(圖)키 위하여 그날그날의 기사(記事)를 주보(週報)로 편집(編輯)하여 제군(諸君) 앞에 내놓으려고 방금(方今) 준비(準備) 중이다. 많이 기대(期待)하여 주기 바란다."는 광고가 실린 것으로 보아 알 수 있다. 「여성」은 이렇게 의욕적으로 만들어진 여급 잡지이지만 그리 오래 가지는 않았다. 「여성」 창간호에 소개된 제2호의 목차로 보건대, 최소한 2호까지는 발간되었을 것으로 추정되나 아직 실물은 발견되지 않았다.

'에로'를 발산하는 여급들의 모습이 아닌 여급 잡지 「여성」에서는 다른 여성을 선동하여 남성들과 맞서 싸우기를 종용하는 강한 이미지의 카페걸의 모습을 볼 수 있었다. 그러나 이들 또한 그저 소박한 삶을 바라는 평범한 인간이었을 뿐이다. 때로는 실연의 아픔으로 모든 남자를 '거짓말쟁이'로 치부하기도 하지만 그 이면에는 소박하고도 평범한 삶에 대한 꿈이 자리하고 있었다. '여고 출신인 기생 여우(女優) 여급 좌담회'(「삼천리」, 1936.4)에서 '낙원회관'의 여급으로 있던 정정화가 "언제나 마음은 진실한 남성을 만나 스위트 홈(sweet home)을 꾸미는 것에 있다."고 말한 것에서 그 단면을 엿볼 수 있다.

하지만 '평범하고 소박한 삶'을 만드는 일이, 그리고 그것을 지탱시키는 일이 얼마나 험난한 여정에 놓여 있는지를 우리는 알고 있다. 카페걸들의 그러한 소망이 때로는 이루어지기도 하였겠지만 많은 여성들은 더 큰 절망과 괴로움 속에 내팽개쳐지기도 하였다. 그렇게 도시의 한복판에서 근대의 충격을 온몸으로 경험하였던 카페걸들은 다양한 족적을 남긴 채, 소란스러움 속에서 자신들의 삶을 살다가 역사의 저편으로 스러져갔다.

도시의 판타스마고리아를 나오며

　지리학자 에드워드 렐프는 장소의 정체성을 구성하는 요소로 '물리적 환경', '인간 활동', '의미'를 제시한 바 있다.[17] 장소를 연구한다는 것은 곧 그 장소의 정체성을 연구하는 것이기에 에드워드 렐프가 제시한 3가지 요소를 고려하면서 초창기 다방과 카페에 접근하고자 하였다. 다방과 카페의 통시적 접근을 비롯해서 거기에 모인 사람들과 그들의 관계와 행위, 다방과 카페를 둘러싸고 벌어진 수많은 일들을 토대로 다방과 카페의 정체성을 찾아보고자 하였다.

　그러나 식민지 경성을 들여다보는 일은 쉽지 않다. 우리나라의 경우, '식민지'와 '근대'라는 결코 합쳐질 수 없을 것 같은 두 가지가 만나면서 상황은 복잡해지는 것이다. 당시의 우리나라가 일본의 식민지였다는 것 때문에 일제 강점기를 근대로 보지 않는 입장도 있다.

근대를 어떻게 정의 내리고 바라보느냐에 따라서 근대를 규정하는 방식은 아마도 다양할 것이다. 다만 근대 문명 내지는 근대 문물과 연관해서 근대를 규정한다면, 식민지 시기일지라도 이를 근대 시기로 명명하는 것이 꼭 틀린 것만은 아닐 것이다. 비록 식민지 시기였지만 '모던', '모더니즘', '모던걸', '모던보이'라는 말들이 유행처럼 번져 갔고, 라디오, 유성기, 기차, 전차와 같은 근대를 상징하는 기계의 홍수 속에서 자신의 내면을 발견한 개인들이 우울과 몽상 속에서 근대의 충격을 온몸으로 견뎌내기도 하였다.

식민지 경성은 다른 근대 도시가 그러했던 것처럼 새로운 기술이 눈앞에서 마술을 부리는 마법의 장소였다. 사진기가 그러하였고 유성기가 그러하였으며, 라디오도 마찬가지였다. 유성기를 통해 박춘재 명창의 소리를 들은 고종 황제가 놀라면서 박춘재에게 "네 수명이 십 년은 감했겠구나."라고 말했다는 일화는 유명하며, 사진을 찍으면 영혼이 빠져나간다고 생각하던 시절도 있었다. 라디오 또한 '과학의 신(神)' 내지는 '근대 문명의 신(神)'(승일, '라디오, 스포츠, 시네마', 「별건곤」 제2호, 1926년 12월호)으로 여겨졌다. 바야흐로 기계가 '신(神)'과 동일시되는 시대가 도래하였던 것이다.

많은 사람들에게 근대 도시는 기계가 마술을 부리는 장소로 여겨졌고 도시는 그러한 마술이 다채롭게 펼쳐지는 마법의 장소였다. 이러한 마법의 장소에서 많은 것들은 꿈과 환상이라는 외피를 쓰고 도시에 범람하였다. 당시의 다방과 카페도 도시인들의 불안과 꿈과 욕망을 표출하는 환상의 장소로 기능하였다고 볼 수 있다. 다방과 카페는 환각과 환몽과 같은 판타스마고리아(pantasmagoria)의 경험을 할 수 있는 도시의 공간이었던 것이다.

그러나 식민지 시기 다방과 카페라는 환상 공간은 좀 더 복잡한 양상을 드러낸다. 환상이 다양한 이국적인 정취와 만나면서 다방과 카페는 국적불명과 정체불명의 모호한 공간이 되기도 하였던 것이다. 그야말로 다방과 카페는 아버지와 어머니가 누구인지 알 수 없는 도시의 사생아였다고 할 수 있다. 다방만 보더라도 일단 그 명칭에서부터 다양한 이국적인 정취를 느낄 수 있다. '카카듀', '멕시코', '낙랑파라', '프라타나', '비너스', '에리제', '허리우드', '돌체' 등의 다양한 외래어가 사용되었던 것이다. 게다가 그 내부를 들여다보면, 국적불명의 혼종성은 더해진다.

'프랑스'의 비밀 아지트 이름을 따서 만들었다는 '카카듀'는 영화감독 이경손이 하와이에서 온 묘령의 여인과 더불어 경영하였는데, 신비한 분위기를 자아내는 '인도식'으로 내부 장식을 하였다고 한다. 그야말로 온갖 이국정취의 비빔밥이었다고 할 수 있다. 북아메리카에 있는 나라의 이름을 딴 '멕시코'는 1930년대 중반에 기생들과 여급들이 가장 많이 찾는 다방이었다. 그런데 상호명과는 달리 '멕시코'에서 기생과 여급들이 주로 들었던 음악은 속가나 조선 유행가였다.

'낙랑파라'의 경우는 더하다. 당시의 표현을 빌리면, '낙랑파라'는 '강서 고구려 문화의 정화(精華)를 따다가 관사(冠詞)를 붙였는데, 그 뜻도 무한히 좋거니와 음향이 명랑해서 깎은 참배 맛이 난다.'(박옥화, '인테리 청년 성공 직업', 「삼천리」, 1933.10)는 것이다. 그러나 생뚱맞게 등장한 고구려의 지명도 지명이려니와 그 내부를 들여다보면 역시 다른 다방과 마찬가지로 다양한 이국적인 색채가 혼종되어 있음을 알 수 있다. '낙랑파라'의 입구에는 남국에서 이식해 온 듯한 파초가 놓여 있고 실내로 들어서면 대팻밥과 백사(白沙)를 섞은 토질 마루 위에 슈베르트 등의 예술가 사진을 걸어놓았던 것이다. 게다가 '낙랑파라'가 주는 감촉은 '파리의 뒷골목에서 청절(淸節)을 지켜가며 예술에 전념하는 예술가의 화실 같은 느낌'을 준다고 하였으니 그야말로 고구려, 남국, 유럽의 정취가 혼합되어 있는 곳이라 하겠다.

다방의 이국적인 정취는 다방이 애초부터 외래 문물과 함께 들어온 근대의 공간이었기 때문에 형성된 것이라 할 수 있다. 그런데 다양한 이국적인 정취가 혼합되어 있다고는 하나, 앞서 살펴보았던 것처럼 다방마다 특색 있게 내세우는 정취가 있었던 것도 사실이다. '나전구'가 '불란서 취미'를 내세운 것이 그러한 예에 해당한다. 그러나 '불란서 취미'가 과연 무엇이며, '나전구'가 '불란서 취미'를 얼마나 잘 재현하였는지도 의문이다. 마치 한 번도 가보지 못한 '사막'을 제목으로 한 대

카페 '백접'의 내부(『대경성사진첩』, 山田勇雄, 中央情報鮮滿支社, 1937)

중가요가 한때 유행처럼 번졌던 것처럼 경성이라는 공간에서의 이국정취는 기본적으로 착종되고 혼종된 형태로 유행처럼 만연하였는지도 모른다.

　이러한 현상은 카페도 마찬가지이다. 카페의 이름도 영어나 일어로 이루어진 것이 많았다. 조선인이 주로 거주하였던 북촌 지역에는 '낙원회관', '왕관', '목단', '종로회관', '평화'와 같은 우리나라 명칭의 카페가 많았지만 일본인이 주로 거주하였던 남촌에는 영어와 일어로 이루어진 카페 이름이 대부분이었다. '바론'과 '릴리' 등이 영어로 만들어진 카페 명칭이라면 '마루비루'나 '후지'는 일어로 이루어진 카페 이름이다. 그러면 카페 내부는 어떠한가?

　사진은 여급 28명을 두고 1930년에 충무로에 창업한 카페 '백접'의 내부 사진이다. 실내를 보면, 역시 남국에서 공수해

온 듯한 커다란 야자나무가 양쪽에 자리하고 있고, 양주로 추정되는 다양하고 많은 수의 술병들이 정면에 진열되어 있어서 서양식을 연상하게 한다. 그러면 여급들은 어떠한가? 모두 기모노를 입고 있어서 조선 여성인지 일본 여성인지 분간하기가 쉽지 않다.

당시의 기록에 의하면 카페에는 언제나 재즈 선율이 울려 퍼졌다고 한다. 이 재즈가 본격적인 의미의 재즈를 의미하는 것인지, 아니면 단지 서양식 음악을 지칭하는 것인지는 알 수 없으나 카페와 재즈는 짝꿍처럼 언제나 함께 일컬어지곤 하였다. 그렇다면 카페는 기본적으로 이른바 서구식을 지향한다고 할 수 있다. 그러나 그 내부를 들여다보면, 기모노를 입은 여성과 남국의 야자나무까지 다양한 국적을 상징하는 것들이 뒤엉켜 있었다. 특히 서양색과 일본색의 착종은 우리나라가 일본의 식민지라는 사실을 상기시킨다.

조선 내에 거주하던 일본 여급이 있었던 것은 사실이지만, 조선 여성인 경우에도 일본식으로 개명하고 기모노를 입은 채 손님들을 맞이하는 일이 흔하였다. '카페 여급 언파레드'(「별건곤」, 1932.11)는 '낙원회관'의 정삼순은 지쓰꼬(千津子), 김명순은 마리꼬, 이덕성은 미네꼬처럼 조선 여성들이 일본식 가명을 사용하였음을 적시하고 있다. 그 외에도 아이꼬, 유끼꼬 등의 일본식 가명을 사용한 조선인 여급들이 많았으며 당시에도 '무슨 꼬'라고 하면서 이름을 바꾼 조선인 여급을 좋지 않게 바라보는 시선 또한 있었다.

근대 유흥 공간으로서의 다방과 카페는 다양한 국적의 착종과 혼성을 그 특징으로 한다. 그리고 이러한 다양한 국적의 혼성 내지 무국적성은 다방과 카페를 더욱 환상적인 공간으로 만드는 데 일조하기도 하였다. 당시에 다방과 카페를 드나들 수 있었던 사람들은 다방과 카페를 통해, 벤야민이 말하였던 '문지방 경험(Schwellenerfahrung)'을 하였다고 볼 수 있다. 새로움과 낡은 것, 꿈과 깨어남, 예술과 상품 등의 경계 체험을 하는 장소에서 마치 문턱에 서 있는 듯한 체험을 경험하는데, 이 문턱에서 저쪽으로 발을 내밀었을 때와 반대 방향으로 발을 내밀었을 때 도시는 야누스처럼 분열된 채 자신을 드러내었던 것이다.[18]

당시의 다방과 카페는 도시의 환상 공간이었다. 때로 다방과 카페는 이른바 별천지의 유토피아의 공간이었으며, 현실이 고되고 괴로울수록 사람들은 더욱더 다방과 카페라는 환상에 빠져들고 중독되었다. 환상이 욕망의 분출과 불안의 표현을 의미한다면 사람들은 아무 생각 없이 차를 마시는 동안이나 여급들과 수작을 부리며 술을 마시는 동안 현실에서 한 발짝 떨어져서 잠시나마 환상에 몸을 맡길 수 있었다. 그러나 현실은 어떠한가? 다방과 카페에 드나들었던 사람들 중에서 얼마나 많은 사람들이 정확하고 냉철한 현실 인식을 지녔는지 알 수 없으나 당시 식민지 현실은 가혹하였다.

옛날부터 내려오던 양반 계급이 아직 이곳에서 확고한

지위를 보존하고 그대로 살아오는 이가 많다. 그들 가운데는 그 대부분이 총독부 밑으로 오늘도 상당한 체면을 보전하고 가문을 지켜오는 이가 많다. (중략) 대부분이 종래에 살던 곳이라 곤란하여도 살던 곳을 떠나지 못하고 그대로 살아오는 서민들일 것이다. 이 사람들 중에는 정말 형형색색의 각종 사람들이 많다. 일본 사람의 집에 출현하는 오모니로 혹은 요보(조선인을 조롱해서 일본인이 부르던 말-인용자 주)를 비롯하여 인력거꾼, 모춧집, 정루, 내외주점, 빙수가, 쓰레기통 뒤지는 사람, 종로 네거리에서 한 푼 주시오, 두 푼 주시오군, 도로 인부, 공장 직공, 무 장수, 배추 장수, 각종 각양의 인물들이 모두 이 부록에 들어갈 것이다. 그리고 이외에 수많은 학생들과 그들 밑에 먹고 사는 이가 또한정 없이 많다.(김남주, '부득이 사는 사람들, 서울의 좋은 곳, 나쁜 곳, 서울 사람은 무엇에 애착을 두고 사는가', 「별건곤」, 1929.9)

최근의 경성은 한마디로 하면 자본주의 도시인 경성으로 변하여 가는 것이다. 모든 봉건 유물은 쫓기고 자본주의의 제요소가 변화스럽게 등장한다. 이 반면에 자본주의 그것이 낳아 놓은 대량의 빈민도 늘어간다. (중략) 경성은 집집의 쓰레기나 변소에서 매월 수천 차의 똥오줌과 쓰레기를 산출한다. 그러나 이 똥오줌과 쓰레기에 못지않게 더러운 화류병자, 커피 중독자, 타락자, 정신병자도 산출하고 남이 보면 얼굴을 찡그리는 걸인도 산출한다. 청계천변, 광희문 밖, 애오개 산지 일대, 남대문 밖, 노동자 거리, 지하실에는 수천의 걸인이 있다. 이 걸인은 모든 것을 조소하며 모든 것을 저주한다. 화려한 도시의 부스럼(腫物)이요, 사회 진보의 찌꺼기이다. (중략) 부호와 걸인, 환락과 비참, 구와 신, 이 모든 불균형을 사십만 시민 위에 '씩씩'하게 배열하며 경성은 자라간다.(유광열, '대경성의 점경', 『사해공론』, 1935.10)

이것이 당시 경성의 실상이었다. 다방과 카페에서는 차와 술을 마시며 환상의 세계를 경험하지만, 밖으로 나오면 거리는 똥오줌과 쓰레기로 더럽혀져 있고 여기저기 수천의 걸인들이 공존하고 있었다. 게다가 총독부의 비호를 받으며 편하게 살아가는 사람들이 존재하는 반면에 하루하루 먹고살기 힘든 서민들도 있었다. 일본 사람의 집에서 파출부로 일하는 사람에서부터 쓰레기통을 뒤지며 살아가는 사람까지 정말 다양한 사람들이 함께 살아가는 곳이 당시 경성의 모습이었다.

그러나 다방과 카페에 들어가면 어떠한가? 그곳에는 다양한 국적의 음악이 흐르고 차가 있고 여급과 더불어 술을 마실 수도 있었다. 현실과는 다소 동떨어진 판타스마고리아가 펼쳐지고 있었던 것이다. 그러나 동일한 환상 공간이더라도 찻집으로서의 다방과 술집으로서의 카페는 다른 역사를 지닌다. 어느 면에서는 다방과 카페가 만나기도 하고 그 역사가 겹쳐지는 부분이 있기도 하지만 기본적으로 두 공간은 다른 역사를 거쳐 왔다. 당시의 문화 예술가가 다방을 경영하는 일이 많았기 때문에, 그 경영자가 누구이냐에 따라서 다방에 드나드는 손님이나 그곳에서 들려주는 음악은 차이를 드러냈다. 반면에 카페는 기본적으로 재즈의 선율과 더불어 여급의 에로 서비스를 받으며 술을 마실 수 있는 공간이었다.

이 두 공간의 문화적 위상을 살펴보면, 다방은 이른바 '살롱 문화'를 지향하면서 문화 예술인들의 문화 공간으로 기능하였다. 문화와 관련된 다양한 전시회와 연주회를 열기도 하였고 '구인회'라는 문학 단체가 출연할 수 있었던 것도 다방이 없었다면 불가능하였을지도 모른다. 그만큼 당대인의 서재 겸 소통 공간이었던 다방은 창작의 산실이었다고 할 수 있다. 사람들은 다방에 모여서 생각하고 숙고하고 다른 사람들과 토의하고 토론하면서 다방을 지성의 공간으로 만들어갔던 것이다. 그런가 하면, 다른 한편으로 다방은 그저 게으른 몽상가의 집합소이기도 하였다. 할 일 없는 실업자 인텔리들이 차를 마시면서 몇 시간씩 시간을 보내는 곳이 다방이기도 하였다. 이러한 면에도 불구하고 당시 다방은 카페에 비해 상대적으로 지성의 공간으로서의 역할에 더 충실했다고 할 수 있다.

이와 달리 카페는 감정의 공간이었다고 할 수 있다. 사람들은 카페에서 여급과 함께 술을 마시면서 욕망을 표출하고 감정을 발산하면서 환락과 쾌락에 빠져들었던 것이다. 당시의 표현을 빌리자면, 카페는 "현대인의 변태적 호기성을 잘 이해하며 모든 향락을 준비하는 곳"(박로아, '카페의 정조', 「별건곤」, 1929.10)이었다. 그러므로 카페에서 이루어지는 공론(公論)은 어쩌면 공론(空論)에 가까운 것이었을지도 모른다. 삶의 괴로움과 쓰라림을 여급과 술로 푼다는 발상 자체가 결코 건강한 발상이라고 할 수는 없다. 중산층 이상의 남성들은 카페에서 여급과 함께 술을 마시며 현실을 도피하고 미모의 모던걸들과 이른바 신연애를 즐기면서 허울뿐인 근대인의 첨병을 자처한 것은 아니었을까? 그러므로 퇴폐와 향락의 정점에 놓여있던 20세기 전반기의 카페 문화가 오늘날의 룸살롱과 같은 기형적인 음주 문화의 기원이 되었음을 부정할 수는 없을 것이다. 이처럼 다방과 카페는 모두 근대에 새롭게 등장한 유흥 공간이면서도 그 문화적 기능은 달랐다.

20세기 전반기의 다방과 카페는 절정의 순간을 지나서 쇠퇴하였고 그 모습도 많이 변하였다. 1950~1960년대까지도 여전히 도시의 오아시스이자 문화 공간으로 기능하였던 다방은 이제 촌스러움의 대명사로 여겨지게 되었다. 그저 도시의 어느 한쪽 구석이나 어느 지방의 역 주변에 자리 잡은 아주 작은 공간이 되어 버렸다. 나이 드신 어르신들이 소일하는 곳이 바로 다방이 되어 버린 것이다.

반면에 여급과 더불어 술을 마시던 술집으로서의 카페라는 의미는 오늘날에는 거의 찾아볼 수 없다. 오늘날에 카페라고 하면 우아하고 고급스러운 이미지가 먼저 떠오르는 것이다. 카페는 푹신한 소파에 편안하게 앉아서 아름다운 선율의 음악을 들으며 차나 커피를 마시는 공간으로 탈바꿈하였다. 요즘에는 거리마다 커피 전문점이 등장해서 조용하고 아늑한 공간으로서의 카페도 점차로 사라지고 있는 추세이긴 하지만 말이다. 이렇게 카페가 바뀌기 시작한 것은 1960년대 이후로 추정된다.

1940년 이후의 신문에는 카페라는 용어가 예전만큼 빈번하게 등장하지 않는다. 그러다가 광복 이후, 「동아일보」 1945년 5월 23일자에 '서리 맞은 환락가, 카바레 댄스 금지, 카페, 식당 여급도 제한'이라는 제목의 기사가 나오고, 이어서 「동아일보」 1947년 9월 19일자에 '요정, 카페 등 폐쇄를 입안에 건의'라는 제목의 기사가 실리면서 초창기 카페의 모습이 퇴색되어 간 것으로 보인다. "청년남녀의 정신과 정력을 혼란케 하는 바, 카페, 댄스홀을 임시정부가 수립될 때까지 그 영업을 일체 폐쇄할 것을 입법의원 39대 의원들이 연명으로 17일 입법의원에 정식으로 건의"하였다는 1947년 9월 19일자의 기사 이후 신문 기사에서 '카페'에 대한 언급을 거의 찾을 수 없는 것으로 보아서 이때부터 술집으로서의 카페는 점차 사라졌던 것으로 추정된다.

그러다가 '카페'라는 용어가 새롭게 등장하는 것은 1960년대 이후이다. 「동아일보」 1962년 6월 3일자에는 '남국의 기분 내보실까요? 시청 앞에 이색의 카페'라는 제목의 기사가 실려 있는데, 이것이 변모된 '카페'의 첫 모습일 것이다. 이 기사에 따르면 서울시청 앞 광장에 우리나라에서는 처음으로 가두 카페가 생겼는데, 이 카페는 울긋불긋한 파라솔 아래에 남국의 기분을 내는 사이드 워크(sidewalk) 카페로 그 이름은 '세시봉'이라는 것이다. 시청 앞 광장 대지 350평을 빌려서 파라솔 60

개와 좌석 240석을 설치한 이 카페에서는 맥주를 비롯한 청량 음료를 팔았다고 하는데, 카페가 가두로 나오고 일반인들에게 공개되면서 점차 오늘날과 같은 의미의 카페 이미지가 새롭게 형성된 것이 아닌가 한다.

그 시절 그때처럼 우리는 여전히 많은 공간을 드나들며 그곳에서 다른 사람들과 소통하고 자신들의 욕망을 분출하고 다양한 꿈을 꾼다. 우리가 드나드는 장소는 모두 고유한 정체성을 드러내며, 그러한 장소가 우리를 규정하기도 한다. 지금까지 근대의 대표적인 유흥 공간이었던 다방과 카페를 통해 그때 그 시절의 사람과 음악과 그들의 꿈과 욕망을 엿볼 수 있었다. 그렇다면 지금 우리는 어느 곳에서 무엇을 욕망하며 어떤 꿈을 꾸고 있는가? 바라거니, 지금 우리가 어디에선가 꾸고 있는 꿈이 '위대한 행동을 하기 위한 전주곡'이기를.

주

1) 이재근·현영조, 「한국 차문화 공간구성에 관한 기초연구–고문 헌 분석에 의한 사적 고찰을 중심으로」, 『산업과학연구』제9 호, 상명대학교 산업과학연구소, 2000, 5~6쪽.

2) 손탁과 손탁호텔에 대해서는 김원모, 『개화기 한미 교섭 관계 사』, 단국대학교 출판부, 2003, 689~718쪽을 참조할 수 있다.

3) 강준만·오두진, 『고종 스타벅스에 가다』, 인물과 사상사, 2005, 36쪽.

4) 이노우에 마리코, 「근대 일본 카페 여자종업원의 시선과 '모던 걸'의 자아성립」, 『미술사연구』제14호, 미술사연구회, 2000, 233~235쪽.

5) 김연희, 「일제하 경성지역 카페의 도시문화적 특성」, 서울시 립대 석사논문, 2001, 18~19쪽.

6) 게오르그 짐멜, 김덕영·윤미애 옮김, 『짐멜의 모더니티 읽기』, 2006, 새물결, 36쪽.

7) 심승희, 『서울, 시간을 기억하는 공간』, 나노미디어, 2004, 19 쪽.

8) 채만식, '현대성의 탐구–다방찬', 「조광」1939년 7월호.

9) 김규현, 「다방」, 『서울육백년사』제4권, 서울특별시편찬위원 회, 1977, 1252쪽.

10) '유행가수 좌담회', 『신인문학』, 1934년 12월호, 95쪽.

11) 그램 질로크, 노명우 옮김, 『발터 벤야민과 메트로폴리스』, 효형출판, 2005, 308쪽.

12) 「신동아」1932년 2월호; 「신동아」1933년 1월호; 「신동아」 1932년 4월호.

13) 「조선중앙일보」1936년 1월 8일; 「동아일보」1936년 2월 26 일; 「동아일보」1934년 6월 13일.

14) '여고 출신인 기생 여우 여급좌담회', 「삼천리」1936년 4월호.

15) 그램 질로크, 앞의 책, 304~305쪽.

16) 김봉자와 노병운의 정사사건에 대해서는 장유정의 『오빠는 풍각쟁이야–대중가요로 본 근대의 풍경』(민음in, 2006, 308~

311쪽)과 「매체에 따른 글쓰기 방식의 변화 고찰-1930년대 근대매체의 실화 수용을 중심으로」(『한국언어문학』 제65집, 한국언어문학회, 2008)를 참조할 수 있다.

17) 국토연구원 엮음, 『현대 공간이론의 사상가들』, 한울아카데미, 2005, 40쪽.

18) 심혜련, 「놀이공간으로서 대도시와 새로운 예술 체험」, 『공간과 도시의 의미들』(철학아카데미 편), 소명출판, 2004, 206쪽.

참고문헌

<기본자료>

「동아일보」「매일신보」「별건곤」「사해공론」「삼천리」「시대일보」「신동아」「신민」「신여성」「신인문학」「실생활」「여성(女性)」「여성(女聲)」「조광」「조선일보」「조선중앙일보」「중앙일보」「중외일보」「혜성」

<단행본>

강준만·오두진, 『고종 스타벅스에 가다』, 인물과 사상사, 2005.

국토연구원 엮음, 『현대 공간이론의 사상가들』, 한울아카데미, 2005.

김원모, 『개화기 한미 교섭 관계사』, 단국대학교 출판부, 2003.

김정동, 『문학 속 우리도시 기행』, 옛오늘, 2001.

심승희, 『서울, 시간을 기억하는 공간』, 나노미디어, 2004.

이혜령, 『한국소설과 골상학적 타자들』, 소명출판, 2007.

장유정, 『오빠는 풍각쟁이야-대중가요로 본 근대의 풍경』, 민음in, 2006.

失野干城, 『신판대경성안내』, 경성도시문화연구소, 1936.

게오르그 짐멜, 김덕영·윤미애 옮김, 『짐멜의 모더니티 읽기』, 새물결, 2006.

그램 질로크, 노명우 옮김, 『발터 벤야민과 메트로폴리스』, 효형출판, 2005.

<논문>

김규현, 「다방」, 『서울육백년사』제4권, 서울특별시편찬위원회, 1977.

김연희, 「일제하 경성지역 카페의 도시문화적 특성」, 서울시립대 석사논문, 2001.

심혜련, 「놀이공간으로서 대도시와 새로운 예술 체험」, 『공간과

도시의 의미들』(철학아카데미 편), 소명출판, 2004.

이노우에 마리코, 「근대 일본 카페 여자종업원의 시선과 '모던걸'의 자아성립」, 『미술사연구』제14호, 미술사연구회, 2000.

이재근·현영조, 「한국 차문화 공간구성에 관한 기초연구—고문헌분석에 의한 사적 고찰을 중심으로」, 『산업과학연구』제9호, 상명대학교 산업과학연구소, 2000.

장유정, 「매체에 따른 글쓰기 방식의 변화 고찰—1930년대 근대매체의 실화 수용을 중심으로」, 『한국언어문학』제65집, 한국언어문학회, 2008.

고마츠(小松寬美), 「カフェ-業者と其の取締」, 『경무휘보』, 조선경찰협회, 1931.

다방과 카페, 모던보이의 아지트

펴낸날	초판 1쇄 2008년 10월 31일
	초판 4쇄 2017년 8월 31일

지은이	장유정
펴낸이	심만수
펴낸곳	(주)살림출판사
출판등록	1989년 11월 1일 제9-210호

주소	경기도 파주시 광인사길 30
전화	031-955-1350　팩스 031-624-1356
홈페이지	http://www.sallimbooks.com
이메일	book@sallimbooks.com

ISBN	978-89-522-1024-1　04080
	978-89-522-0096-9　04080(세트)

085 책과 세계

강유원(철학자)

책이라는 텍스트는 본래 세계라는 맥락에서 생겨났다. 인류가 남긴 고전의 중요성은 바로 우리가 가 볼 수 없는 세계를 글자라는 매개를 통해서 우리에게 생생하게 전해 주는 것이다. 이 책은 역사라는 시간과 지상이라고 하는 공간 속에 나타났던 텍스트를 통해 고전에 담겨진 사회와 사상을 드러내려 한다.

056 중국의 고구려사 왜곡   eBook

최광식(고려대 한국사학과 교수)

중국의 고구려사 왜곡의 숨은 의도와 논리, 그리고 우리의 대응 방안을 다뤘다. 저자는 동북공정이 국가 차원에서 진행되는 정치적 프로젝트임을 치밀하게 증언한다. 경제적 목적과 영토 확장의 이해관계 등이 복잡하게 얽혀 있는 동북공정의 진정한 배경에 대한 설명, 고구려의 역사적 정체성에 대한 문제, 고구려사 왜곡에 대한 우리의 대처방법 등이 소개된다.

291 프랑스 혁명   eBook

서정복(충남대 사학과 교수)

프랑스 혁명은 시민혁명의 모델이자 근대 시민국가 탄생의 상징이지만, 그 실상을 아는 사람은 많지 않다. 프랑스 혁명이 바스티유 습격 이전에 이미 시작되었으며, 자유와 평등 그리고 공화정의 꽃을 피기 위해 너무 많은 피를 흘렸고, 혁명의 과정에서 해방과 공포가 엇갈리고 있었다는 등의 이야기를 통해 프랑스 혁명의 실상을 소개한다.

139 신용하 교수의 독도 이야기   eBook

신용하(백범학술원 원장)

사학계의 원로이자 독도 관련 연구의 대가인 신용하 교수가 일본의 독도 영토 편입문제를 걱정하며 일반 독자가 읽기 쉽게 쓴 책. 저자는 역사적으로나 국제법상으로 실효적 점유상으로나, 어느 측면에서 보아도 독도는 명백하게 우리 땅이라고 주장하며 여러 가지 역사적인 자료를 제시한다.

144 페르시아 문화

신규섭(한국외대 연구교수)

인류 최초 문명의 뿌리에서 뻗어 나와 아랍을 넘어 중국, 인도와 파키스탄, 심지어 그리스에까지 흔적을 남긴 페르시아 문화에 대한 개론서. 이 책은 오랫동안 베일에 가려 있던 페르시아 문명을 소개하여 이슬람에 대한 편견과 오해를 바로 잡는다. 이태백이 이란계였다는 사실, 돈황과 서역, 이란의 현대 문화 등이 서술된다.

086 유럽왕실의 탄생

김현수(단국대 역사학과 교수)

인류에게 '예술과 문명' 그리고 '근대와 국가'라는 개념을 선사한 유럽왕실. 유럽왕실의 탄생배경과 그 정체성은 무엇인가? 이 책은 게르만의 한 종족인 프랑크족과 메로빙거 왕조, 프랑스의 카페 왕조, 독일의 작센 왕조, 잉글랜드의 웨섹스 왕조 등 수많은 왕조의 출현과 쇠퇴를 통해 유럽 역사의 변천을 소개한다.

016 이슬람 문화

이희수(한양대 문화인류학과 교수)

이슬람교와 무슬림의 삶, 테러와 팔레스타인 문제 등 이슬람 문화 전반을 다룬 책. 저자는 그들의 멋과 가치관을 흥미롭게 설명하면서 한편으로 오해와 편견에 사로잡혀 있던 시각의 일대 전환을 요구한다. 이슬람교와 기독교의 관계, 무슬림의 삶과 낭만, 이슬람 원리주의와 지하드의 실상, 팔레스타인 분할 과정 등의 내용이 소개된다.

100 여행 이야기

이진홍(한국외대 강사)

이 책은 여행의 본질 위를 '길거리의 철학자'처럼 편안하게 소요한다. 먼저 여행의 역사를 더듬어 봄으로써 여행이 어떻게 인류 역사의 형성과 같이해 왔는지를 생각하고, 다음으로 여행의 사회학적·심리학적 의미를 추적함으로써 여행에 어떤 의미를 부여할 것인가에 대해 말한다. 또한 우리의 내면과 여행의 관계 정의를 시도한다.

293 문화대혁명 중국 현대사의 트라우마 eBook

백승욱(중앙대 사회학과 교수)

중국의 문화대혁명은 한두 줄의 정부 공식 입장을 통해 정리될 수 없는 중대한 사건이다. 20세기 중국의 모든 모순은 사실 문화대혁명 시기에 집약되어 있다고 해도 과언이 아니다. 사회주의 시기의 국가 · 당 · 대중의 모순이라는 문제의 복판에서 문화대혁명을 다시 읽을 필요가 있는 지금, 이 책은 문화대혁명에 대한 안내자가 될 것이다.

174 정치의 원형을 찾아서 eBook

최자영(부산외국어대학교 HK교수)

인류가 걸어온 모든 정치체제들을 매우 짧은 기간 동안 시험하고 정비한 나라, 그리스. 이 책은 과두정, 민주정, 참주정 등 고대 그리스의 정치사를 추적하고, 정치가들의 파란만장한 일화 등을 소개하고 있다. 특히 이 책의 저자는 아테네인들이 추구했던 정치방법이 오늘 우리 사회가 당면한 문제를 해결할 수 있는 지혜의 발견에 도움을 줄 수 있을 것이라고 말한다.

420 위대한 도서관 건축순례 eBook

최정태(부산대학교 명예교수)

이 책은 도서관의 건축을 중심으로 다룬 일종의 기행문이다. 고대 도서관에서부터 21세기에 완공된 최첨단 도서관까지, 필자는 가능한 많은 도서관을 직접 찾아보려고 애썼다. 미처 방문하지 못한 도서관에 대해서는 문헌과 그림 등 가능한 많은 정보를 수집하려 노력했다. 필자의 단상들을 함께 읽는 동안 우리 사회에서 도서관이 차지하는 의미에 대해 다시 생각하게 된다.

421 아름다운 도서관 오디세이 eBook

최정태(부산대학교 명예교수)

이 책은 문헌정보학과에서 자료 조직을 공부하고 평생을 도서관에 몸담았던 한 도서관 애찬가의 고백이다. 필자는 퇴임 후 지금까지 도서관을 돌아다니면서 직접 보고 배운 것이 40여 년 동안 강단과 현장에서 보고 얻은 이야기보다 훨씬 많았다고 말한다. '세계 도서관 여행 가이드'라 불러도 손색없을 만큼 풍부하고 다채로운 내용이 이 한 권에 담겼다.

eBook 표시가 되어있는 도서는 전자책으로 구매가 가능합니다.

016 이슬람 문화 | 이희수
017 살롱문화 | 서정복 eBook
020 문신의 역사 | 조현설 eBook
038 헬레니즘 | 윤진 eBook
056 중국의 고구려사 왜곡 | 최광식 eBook
085 책과 세계 | 강유원
086 유럽왕실의 단생 | 김현수 eBook
087 박물관의 탄생 | 전진성 eBook
088 절대왕정의 탄생 | 임승휘 eBook
100 여행 이야기 | 이진홍 eBook
101 아테네 | 장영란 eBook
102 로마 | 한형곤 eBook
103 이스탄불 | 이희수 eBook
104 예루살렘 | 최창모 eBook
105 상트 페테르부르크 | 방일권 eBook
106 하이델베르크 | 곽병휴 eBook
107 파리 | 김복래 eBook
108 바르샤바 | 최건영 eBook
109 부에노스아이레스 | 고부안 eBook
110 멕시코 시티 | 정혜주 eBook
111 나이로비 | 양철준 eBook
112 고대 올림픽의 세계 | 김복희 eBook
113 종교와 스포츠 | 이창익 eBook
115 그리스 문명 | 최혜영
116 그리스와 로마 | 김덕수 eBook
117 알렉산드로스 | 조현미
138 세계지도의역사와한반도의발견 | 김상근 eBook
139 신용하 교수의 독도 이야기 | 신용하
140 간도는 누구의 땅인가 | 이성환 eBook
143 바로크 | 신정아 eBook
144 페르시아 문화 | 신규섭 eBook
150 모던 걸, 여우 목도리를 버려라 | 김주리 eBook
151 누가 하이카라 여성을 데리고 사누 | 김미지 eBook
152 스위트 홈의 기원 | 백지혜 eBook
153 대중적 감수성의 탄생 | 강심호 eBook
154 에로 그로 넌센스 | 소래섭 eBook
155 소리가 만들어낸 근대의 풍경 | 이승원 eBook
156 서울은 어떻게 계획되었는가 | 염복규 eBook
157 부엌의 문화사 | 함한희
171 프랑크푸르트 | 이기식 eBook

172 바그다드 | 이동은 eBook
173 아테네인 스파르타인 | 윤진 eBook
174 정치의 원형을 찾아서 | 최자영 eBook
175 소르본 대학 | 서정복 eBook
187 일본의 서양문화 수용사 | 정하미
188 번역과 일본의 근대 | 최경옥
189 전쟁국가 일본 | 이성환 eBook
191 일본 누드 문화사 | 최유경
192 주신구라 | 이준섭
193 일본의 신사 | 박규태 eBook
220 십자군, 성전과 약탈의 역사 | 진원숙
239 프라하 | 김규진 eBook
240 부다페스트 | 김성진 eBook
241 보스턴 | 황선희
242 돈황 | 전인초 eBook
249 서양 무기의 역사 | 이내주
250 백화점의 문화사 | 김인호
251 초콜릿 이야기 | 정한진
252 향신료 이야기 | 정한진
259 와인의 문화사 | 고형욱
269 이라크의 역사 | 공일주
283 초기 기독교 이야기 | 진원숙
285 비잔틴제국 | 진원숙 eBook
286 오스만제국 | 진원숙 eBook
291 프랑스 혁명 | 서정복 eBook
292 메이지유신 | 장인성
293 문화대혁명 | 백승욱
294 기생 이야기 | 신현규 eBook
295 에베레스트 | 김법모 eBook
296 빈 | 인성기 eBook
297 발트3국 | 서진석 eBook
298 아일랜드 | 한일동
308 홍차 이야기 | 정은희 eBook
317 대학의 역사 | 이광주
318 이슬람의 탄생 | 진원숙
335 고대 페르시아의 역사 | 유흥태
336 이란의 역사 | 유흥태
337 에스파한 | 유흥태
342 다방과 카페, 모던보이의 아지트 | 장유정
343 역사 속의 채식인 | 이광조

371 대공황 시대 | 양동휴 eBook
420 위대한 도서관 건축순례 | 최정태 eBook
421 아름다운 도서관 오디세이 | 최정태 eBook
423 서양 건축과 실내 디자인의 역사 | 천진희 eBook
424 서양 가구의 역사 | 공혜원 eBook
437 알렉산드리아 비블리오테카 | 남태우 eBook
439 전통 명품의 보고, 규장각 | 신병주 eBook
443 국제난민 이야기 | 김철민 eBook
462 장군 이순신 | 도현신 eBook
463 전쟁의 심리학 | 이윤규 eBook
466 한국무기의 역사 | 이내주 eBook
486 대한민국 대통령들의 한국경제 이야기1 | 이장규 eBook
487 대한민국 대통령들의 한국경제 이야기2 | 이장규 eBook
490 역사를 움직인 중국 여성들 | 이양자 eBook
493 이승만 평전 | 이주영 eBook
494 미군정시대 이야기 | 차상철 eBook
495 한국전쟁사 | 이희진 eBook
496 정전협정 | 조성훈 eBook
497 북한 대남침투도발사 | 이윤규 eBook
510 요하 문명(근간)
511 고조선왕조실록(근간)
512 고구려왕조실록 1(근간)
513 고구려왕조실록 2(근간)
514 백제왕조실록 1(근간)
515 백제왕조실록 2(근간)
516 신라왕조실록 1(근간)
517 신라왕조실록 2(근간)
518 신라왕조실록 3(근간)
519 가야왕조실록(근간)
520 발해왕조실록(근간)
521 고려왕조실록 1(근간)
522 고려왕조실록 2(근간)
523 조선왕조실록 1 | 이성무 eBook
524 조선왕조실록 2 | 이성무 eBook
525 조선왕조실록 3 | 이성무 eBook
526 조선왕조실록 4 | 이성무 eBook
527 조선왕조실록 5 | 이성무 eBook
528 조선왕조실록 6 | 편집부 eBook

(주)살림출판사
www.sallimbooks.com
주소 경기도 파주시 문발동 522-1 | 전화 031-955-1350 | 팩스 031-955-1355